Michael Stahl

Es gibt (k)ein Zuspät

Michael Stahl

Es gibt (k)ein Zuspät

Von der Notwendigkeit,
unsere Zeit mit Liebe zu füllen

GloryWorld-Medien

1. Auflage 2022

Bibelzitate sind, falls nicht anders gekennzeichnet, der Lutherbibel, Revidierte Fassung von 2017, entnommen. Weitere Bibelübersetzungen:

ELB:	Elberfelder Bibel, Revidierte Fassung von 2006
GNB:	Gute Nachricht Bibel, 2002
HFA:	Hoffnung für alle, Basel und Gießen, 1983
NeÜ:	Neue evangelistische Übersetzung © 2013 Karl-Heinz Vanheiden
NLB:	„Neues Leben. Die Bibelübersetzung", Holzgerlingen, 2002
SLT:	Schlachter 2000

Lektorat: Klaudia Wagner
Satz: Manfred Mayer
Umschlaggestaltung: Rainer Zilly, www.kreativ-agentur-zilly.de
Umschlagfoto: pixabay.com/Skitterphoto
Druck: CPI books GmbH, Leck

Printed in Germany

ISBN: 978-3-95578-607-6

Bestellnummer: 356607

Erhältlich beim Verlag:

GloryWorld-Medien
Beit-Sahour-Str. 4
46509 Xanten
Tel.: 02801-9854003
Fax: 02801-9854004
info@gloryworld.de
www.gloryworld.de

oder in jeder Buchhandlung

Inhalt

Vorwort

Nachdenklich, fast verträumt, sitze ich vor meinem PC und kämpfe mit meinen Gedanken: Wie beginne ich dieses Buch?

Es ist Mitte April 2022. Bereits zwei Jahre Pandemie liegen hinter uns. Von morgens bis abends werden wir mit Zahlen, Prognosen und einer Menge Horrorszenarien von allen Seiten „bombardiert". Ich wähle bewusst dieses Wort, denn was verursacht diese Fülle an Zahlen und Bildern in unseren Köpfen und Seelen, bei unseren Kindern und Senioren – Menschen, die sowieso schon unter diversen Ängsten leiden – und bei uns selbst? Mitten in alledem beginnt der Krieg in der Ukraine. Haben wir uns doch schon irgendwie an so viele Kriegsmeldungen gewöhnt; Syrien, Afghanistan, Jemen, um nur ein paar zu nennen. Doch auf einmal wird der Krieg eher greifbar für uns, weil er auf unserem eigenen Kontinent stattfindet. Macht es diesen Krieg deshalb schlimmer bzw. die anderen durch die größere Distanz weniger schlimm? Man hört von Friedensgebeten. Geistliche, Politiker und viele andere rufen zum Frieden auf. Sie fordern und erhoffen sich Frieden! Doch wie sieht es da in unserer kleinen Welt um uns herum aus? In Psalm 34,15 fordert uns Gott auf: *„Suche Frieden und jage ihm nach."*

Immer wieder vernehmen wir in den Medien, dass sich Delegierte aus der Ukraine und aus Russland zu Friedensverhandlungen treffen. Wie sieht es mit unseren eigenen Friedensverhandlungen aus? Streben wir Frieden in unseren Familien an, in der Verwandtschaft, im Freundeskreis, in der Nachbarschaft, in den Schulen, Universitäten und Vereinen, im Internet usw.? Wie oft ist es so, dass wir uns im Recht fühlen und vom anderen erwarten, dass er den ersten Schritt tut. In sozialen Netzwerken und Talkshows bekriegt man sich wegen des Kriegs.

Ach ja, wir wissen ja, dass bei jedem Streit meistens die anderen schuldig sind. Doch es sind ja nicht die anderen, die dieses Buch gerade lesen, sondern du. Ich bin der festen Überzeugung, dass, wenn wir im Kleinen den Frieden suchen, dies wie ein Virus ist – ein Virus der Liebe, der andere ansteckt.

Im Text eines wunderschönen Kirchenliedes heißt es: „Ins Wasser fällt ein Stein, ganz heimlich, still und leise; und ist er noch so klein, er zieht doch weite Kreise. Wo Gottes große Liebe in einen Menschen fällt, da wirkt sie fort in Tat und Wort hinaus in unsre Welt."

Daran glaube ich, weil ich es immer wieder erlebe: Liebe ist die größte Kraft in unserem Universum. Liebe liebt das Schöne aus einem Menschen hervor.

Dieses Buch möchte dich ermutigen, die Dinge, die zu tun sind, mit Gottes Hilfe in die Tat umzusetzen. Apropos „du": Bei meinen Besuchen in den Gefängnissen, an den Sterbebetten, bei den Drogensüchtigen und Obdachlosen sind wir stets beim freundschaftlichen Du, und deshalb wähle ich diese Anredeform auch in diesem Buch und hoffe, dass das okay für dich ist.

Es geht um Frieden – Frieden mit sich selbst, mit den Mitmenschen und mit Gott. Es geht in diesem Buch nicht um irgendwelche schlauen Thesen, sondern um Lebensgeschichten: Entscheidungen, die zu treffen, Wege, die zu gehen und Worte, die zu sagen sind. Es geht darum, dass es ein Zuspät gibt – und dass es für manche Dinge nie zu spät ist.

Es muss wohl 2015 gewesen sein, als nach einem meiner Vorträge zum Thema Versöhnung ein Mann am Ausgang bitterlich weinte. Ich hatte nur noch Augen für ihn und ging zu ihm hin. Kaum war ich bei ihm angelangt, flüsterte er mit zittriger Stimme: „Ach hätte ich deinen Vortrag doch schon eher gehört, dann bräuchte ich jetzt nur noch eine einzige Minute. Dann wüsste ich, was ich nun zu sagen hätte. Doch leider ist mein Papa vor wenigen Tagen gestorben."

Es gibt ein Zuspät! Dieser Mann musste es bitter erfahren, und ich selbst leider auch zu oft in meinem Leben. Konzentrieren wir uns also darauf, wo wir diese eine Minute *heute* noch sinnvoll leben und nützen können ...

Heute ist ein guter Tag, diesem Frieden nachzujagen, diese eine Minute mit den richtigen Worten zu füllen. Denn wer morgen erst nach Frieden sucht, lebt heute noch im Krieg.

Heute ist ein guter Tag, um zu loben, Liebe auszusprechen, um Verzeihung zu bitten und Vergebung zu gewähren. Zu wem könntest du heute gehen, wen könntest du heute noch anrufen, um nur eine Minute diesem Menschen zu widmen?

Frieden ist das Ziel, wonach sich jedes Menschenherz im Grunde sehnt. Ein Friede, der alle Vernunft übersteigt. Ein Friede, den diese Welt nicht geben kann.

Ich hoffe, ich habe deine Neugierde geweckt. Schau dir deine wahren Sehnsüchte an und lerne den kennen und lieben, der sie in dein Herz gelegt hat. ER selbst ist der Weg und das Ziel.

Erkenne, wofür es noch nicht zu spät ist, und nutze die Zeit. Egal, welche Wege du gehst und auf welche Weise du es tust, du bist nie allein. Du bist geliebt!

Herzlichst
Michael

1 – Die 43. Minute

Oh, ich liebe Fußball! Jedem Ball muss ich hinterherjagen. Als kleiner Junge wuchs ich nahe an der bayrischen Grenze auf, zehn Kilometer von Nördlingen entfernt. Aus dieser Stadt stammte der „Bomber der Nation“, Gerd Müller. So oft hörte ich als kleiner Knirps seinen Namen. Samstag für Samstag verbrachten wir abends die Zeit vor dem mittelalterlichen TV-Gerät und schaute Fußball. Alle waren von Gerd Müller begeistert. Einer aus unserer Ecke hatte es zu Weltruhm gebracht. Er war irgendwie greifbar, nahe, seine Mutter wohnte noch dort. Manchmal liefen wir an seinem Elternhaus vorbei und hofften, die Mutter des „Bombers“ zu sehen. Für den FC Bayern schoss er ein Tor nach dem anderen. Damals (jetzt müssen einige von euch stark sein) entwickelte sich meine Sympathie für den FC Bayern München, und daran hat sich die letzten (fast) 50 Jahre, nichts geändert ☺.

Bis heute schau ich mir viele Fußballspiele im Fernsehen an und freue mich besonders auf Welt- und Europameisterschaften. So auch am 12. Juni 2021 beim EM-Spiel Dänemark gegen Finnland. Ich machte es mir vor meinem Fernseher gemütlich und verfolgte aufmerksam die Partie. Es gab einen Einwurf, den ein Spieler der dänischen Mannschaft ausführte und seinem 29-jährigen Mitspieler Christian Eriksen entgegenwarf. Doch irgendwie kam dieser zu Fall. Wurde er gefoult oder war er einfach nur gestolpert? Auf die Schnelle konnte ich es selbst nicht erkennen.

Binnen Sekunden dachte keiner mehr an Fußball. Allen Spielern und allen Zuschauern wurde klar, dass etwas Dramatisches passiert war. Christian Eriksen war ohne Bewusstsein. Der Schiedsrichter Anthony Taylor unterbrach das Spiel und das Unfassbare nahm seinen Lauf. Christian Erikson wurde auf dem Platz reanimiert. Seine Mitspieler bildeten einen Kreis um ihn, um so einen Sichtschutz zu erzeugen. Die meisten weinten. Die Betreuer kämpften um Christians Leben. Der Reporter rang nach Worten. Lähmendes Entsetzen im Stadion und vor den Bildschirmen in der ganzen Welt.

Während ich diese Zeilen tippe, erwachen die Bilder und Emotionen von damals wieder in mir. Ich fing an zu beten. Auch sein Trainer Kaspar Hjulmand kniete am Spielfeldrand, hatte seine Hände gefaltet und betete. In den sozialen Netzwerken überschlugen sich die Ereignisse. „Pray for Christian Eriksen" wird millionenfach gepostet. Betende Hände, wohin man schaute. Waren dies die letzten Momente des Lebens von Christian Eriksen? Welche Pläne hatte er wohl noch? Was hätte man ihm gerne noch einmal gesagt? War es zu spät? Zu spät für tröstende Worte? Zu spät für ein Lob? Zu spät für ein „Ich liebe dich", ein „Ich bin stolz auf dich", ein „Bitte verzeih mir", ein „Schön, dass es dich gibt"?

Was für ein berührendes Bild: Der betende Trainer, Tausende, die im Stadion beteten. Das Schweigen, die Tränen, die vielen stummen Gebete, die Blicke gen Himmel; was für bewegende Momente, die mit Worten kaum zu beschreiben sind.

Doch *von wem* erwarteten sie Beistand?

Keiner wird irgendwelche Horoskope um Rat und Hilfe gefragt haben. Konnte etwa das Universum mit seiner „universellen Energie" hier helfen? Würden die tiefen persönlichen Schreie von einem unpersönlichen „Es" gehört und erhört werden? Was halfen die gedrückten Daumen? Ich werde diese Fragen in diesem Büchlein wohl noch öfter stellen – weil ich mir sicher bin, dass wir alle tief in unserem Herzen genau um Gott wissen: dass er das DU, das Gegenüber ist, wonach unser Herz sich sehnt.

Das Leben von Christian Eriksen wurde an diesem Tag gerettet. Was wird von dieser 43. Minute im Spiel Dänemark gegen Finnland in Erinnerung bleiben? Das Bewusstsein, wie zerbrechlich, wie endlich unser Leben ist. Von einer Sekunde auf die andere ist unser Leben nicht mehr, wie es einmal war.

Die Welt erlebte an diesem Tag, dass Menschen spontan, ja, reflexartig wissen, wen sie in absoluter Not und in letzter Konsequenz anflehen und um Hilfe bitten – GOTT!

Wäre Christian Erikson an diesem 12. Juni 2021 gestorben, so hätte er vor Gott gestanden, dessen bin ich mir sicher. Vor dem, den Millionen an diesem Tag um Hilfe anflehten. Hatte er Frieden mit seinem Schöpfer? Und wie ist es bei dir? Hast du selbst Frieden mit IHM? Was ist, wenn deine 43. Minute anbricht?

Christian Eriksens Leben geht weiter. Er spielt wieder Fußball. Dieses dramatische Ereignis ist nun ein Teil der Geschichte. Hat es Menschen zum Nachdenken gebracht? Hat dieses Ereignis Menschen zum Umdenken animiert? Zum Nachdenken, dass es vielleicht sogar eines Tages ein Zuspät gibt?

Ein Zuspät für viele wunderbare Dinge, Worte, Gesten???

Ein Zuspät für Frieden mit uns selbst und unseren Mitmenschen und sogar ein Zuspät, um Frieden mit Gott zu haben? Jeder Mensch mag hierzu sein eigenes Herz prüfen.

> *Lehre uns zu bedenken, dass wir sterben müssen, auf dass wir klug werden* (Psalm 90,12).

Mögen wir alle klüger werden und unsere Lehren aus dieser 43. Minute ziehen.

2 – Mein kleines Leben

Es ist Karfreitag. Eine wunderschöne Melodie erfüllt mein kleines, bescheidenes Büro. Gedanken kreisen, mein Herz ist berührt von den vielen Ereignissen der letzten Zeit. Meine Gedanken schweifen umher, und so sehe ich Momente meines ganzen Lebens vor mir.

Mein kleines Leben, eine Geschichte von Zweifeln, Versagen, Ängsten, Schuld und vielen verpassten Chancen. Oft höre ich Menschen sagen, dass man etwas nachholen kann. Leidvoll musste ich für mich persönlich feststellen: Nichts, aber auch gar nichts lässt sich nachholen. Was vorbei ist, ist vorbei. Die Erkenntnisse daraus geben uns die Gelegenheit, unsere Zukunft anders zu gestalten.

Nicht alle werden meine Geschichte kennen, deshalb hier eine kleine Rundreise durch mein Leben:

Geboren wurde ich an einem Sonntag, den 6. September 1970. Mein Papa war Alkoholiker und arbeitete Zeit meines Lebens nichts. Sätze wie „Du bist nichts", „Du kannst nichts" oder „Aus dir wird nichts" hörte ich immer und immer wieder. Sie prägten meine Seele im Innersten und haben selbst heute noch nicht alle Kraft verloren. Doch kann ich mit Sicherheit und Freude sagen, dass Gottes Liebe an meinem Herzen arbeitet und es Stück für Stück heilt – es gesundliebt.

Aufgewachsen bin ich in unbeschreiblicher Armut. Meine geliebte Mama opferte sich für uns auf. Was sie angeht, schämte ich mich nie. Es wurde viel geschrien bei uns, weshalb ich heute wohl so sehr die Ruhe genieße. Meine Oma, die 1984 starb, erzog mich im Glauben an Jesus, ebenso wie meine geliebte Tante und Taufpatin Elfriede, die im September 2021 mit 88 Jahren zu Jesus in die Ewigkeit ging.

In der Schule wurde ich über Jahre hinweg gehänselt, ja, nicht selten zutiefst gedemütigt. In meiner Verzweiflung ließ ich meinen Druck und Frust wiederum an Schwächeren aus.

Ich war so ungefähr 11 Jahre alt, als ich ein anderes Kind auslachte. Später erfuhr ich, dass dieses Kind todkrank gewesen war. Es tat mir unendlich leid. Ich hätte es gerne ungeschehen gemacht, doch dafür war es zu spät. Unsere bösen Taten und verletzenden Worte sind wie Kugeln, die wir aus einer Pistole abfeuern. Haben wir einmal den Abzug betätigt, können wir die Kugel nicht wieder einfangen. So verletzten unsere gemeinen Worte und Taten immer und immer wieder und hinterlassen eine Spur von Wunden – Wunden, die vielleicht äußerlich nicht sichtbar, aber doch da sind.

In den letzten Jahren ging ich zu einigen Personen, denen ich weh getan hatte und bat sie um Vergebung. Bei jedem Gang hatte ich schwere Beine, einen Druck in der Magengegend und nicht selten einen Kloß im Hals. Doch es war mir wichtig, diese Wege zu gehen, bevor es eines Tages zu spät sein würde.

Gestohlen habe ich auch, und das nicht wenig. Süßigkeiten, Feuerzeuge, Schulmaterial, Zigaretten; sogar meine eigene Mama habe ich bestohlen. Während ich meine Diebestaten aufzähle, kämpfe ich mit den Tränen. Da ist eine Tat, die mich noch bis heute sehr plagt: Meiner geliebten Oma klaute ich Anfang der 80er-Jahre einen Zehn-Mark-Schein. Bereits wenige Minuten nach meiner Tat plagte mich mein schlechtes Gewissen. Obwohl ich weiß, dass Gott mir vergeben hat, schäme ich mich bis heute. Ich habe es nie jemandem erzählt. Meine Familie wird diese Zeilen lesen … Ja, ich war nicht nur ein gewöhnlicher kleiner Ladendieb, sondern ich habe sogar meine Liebsten bestohlen, meine Mutter und meine Oma. Meine Mama bat ich um Vergebung, bei meiner Oma ist es zu spät.

Die Jahre vergingen; ich wurde größer und meine Traurigkeit auch. Oft spielte ich mit dem Gedanken, mir das Leben zu nehmen.

Eines Tages war ich mit meinen Eltern und Verwandten zu einem Sonntagsspaziergang unterwegs. Wir wanderten auf einen kleinen Berg, als ich plötzlich einen alten Autoreifen entdeckte. Meine Neugierde war geweckt.

Was würde wohl passieren, wenn ich diesen Reifen den Hügel hinunterkullern lassen würde? Ich überlegte nicht lange. Am Fuße dieses Hügels war eine Landstraße, aber soweit dachte ich nicht. Fröhlich stellte ich den Reifen auf und ließ ihn Richtung Tal rollen. Kaum hatte ich den Reifen losgelassen, als das Geschrei der „Alten“ mich aus meiner Begeisterung riss. „Um Gottes Willen, was machst du da? Da unten ist doch eine Straße …“, riefen sie entsetzt. Leider konnte ich den Reifen nicht mehr einfangen, denn er war ziemlich schnell unterwegs. Würde ich nun durch meine Aktion einen Unfall verursachen? Würde es Verletzte oder gar Tote geben?

Panik machte sich in mir breit. Ach hätte ich das doch nie getan! Wären wir doch lieber einen anderen Weg gegangen! Nun war es zu spät, ich konnte diese Tat nicht mehr rückgängig machen. *Wieder einmal versagt, wie so oft,* dachte ich mir.

Bange Momente … ich wartete auf einen Knall. Würde ich wieder mal schuldig? Schuld vielleicht, dass Menschen sich verletzten oder gar sterben würden? Meine Seele war in Aufruhr!

Es gab an diesem Tag keinen Unfall. Doch meine Tat plagte mich wochenlang. Immer, wenn ich irgendwo die Polizei sah, dachte ich, sie würden mich holen und für meine Reifenaktion einsperren. Wochenlang wünschte ich mir, es ungeschehen machen zu können. Aber irgendwie war es total verlockend gewesen, den Reifen ins Tal zu befördern …

Auch schulisch befand ich mich auf einer Talfahrt. Ich besuchte von der 5. bis zur 7. Klasse die Realschule. Meine Umstände, die Quälerei durch die anderen und meine Faulheit führten dazu, dass ich die Schule verließ und in die Hauptschule wechselte.

Im Fußball und Kampfsport konnte ich mich austoben und bekam ein wenig Bestätigung. Von 1986–1989 machte ich eine Ausbildung als Verkäufer, zum Einzelhandelskaufmann hat es leider nicht mehr gereicht. In den Augen meines Vaters hatte ich wieder einmal versagt, wie so oft.

Nach einem Streit im Winter 1988 zog ich aus und verbrachte einige Wochen ohne Wohnung, schlief mal hier und mal da. Ich war obdachlos, hatte kein eigenes Zuhause. In dieser Zeit lernte ich meine erste Frau kennen. 1994 wurde ich Papa. Ein wunderbarer Sohn wurde uns – mir – geschenkt.

Ich mach es besser als mein Vater, das war mein Motto. Doch ich war ein Getriebener. Da mein Vater nichts arbeitete, schuftete ich selbst oft Tag und Nacht. Ich war kaum für meine Familie da. Die wirklich wichtigen Dinge habe ich mit meinem Sohn nicht gemacht. Seine Mama und ich trennten uns. Wieder mal versagt, wieder einmal verloren. Allerdings sah ich damals die Schuld oft oder ausschließlich bei den anderen.

Ich kniete mich mehr und mehr in den Kampfsport, denn mein Leben war ja ein Kampf. Da ich eine tiefe Unsicherheit in mir trug, suchte ich den Weg in den Sicherheitsdienst. Kampfsport, Security, kaputte Beziehungen und falsche Entscheidungen bestimmten mein Leben. Nach außen hart, aber innerlich ein zerbrochener Kerl auf der Suche nach Frieden und Anerkennung, nach Harmonie und Familie, nach Vergebung und – Erlösung.

Immer wieder dachte ich an Jesus, an den Erlöser, von dem mir Oma und Tante Elfriede erzählt hatten. Je mehr ich mich von ihm entfernte und es auf meine Weise versuchte, desto mehr fuhr ich mein Leben an die Wand.

Es war 2004, als ich wieder einmal am Ende einer gescheiterten Beziehung stand. Am selben Tag erklärte mir mein Steuerberater, ich müsse tausende Euro Steuern nachzahlen. Wie hypnotisiert verließ ich das Büro meines Steuerberaters und setzte mich hinter das Lenkrad meines schrottreifen Autos. Auch das Steuerrad meines Lebens hatte ich bis zu diesem Tag krampfhaft in meinen Händen gehalten. Auf Gottes Rat hatte ich kaum etwas gegeben. Mein schlechtes Gewissen und meine wahren, aber unerfüllten Sehnsüchte ignorierte ich, rannte bockig vor ihnen davon.

Erschöpft, traurig und zerbrochen legte ich meinen Kopf auf das Lenkrad, mitten auf dem Parkplatz des Steuerbüros. Wieder einmal war alles zu spät. Wieder einmal komplett versagt. Hatte mein Vater mit seinen Prognosen doch recht? In meinem Kopf hämmerten seine Worte: „Du bist nichts ... du kannst nichts ... aus dir wird nichts ..."

Beziehungsunfähig, einsam, verschuldet und obdachlos – alles schien aussichtslos. Ich hatte das Leben verpasst, Menschen enttäuscht und verletzt. Für vieles war es einfach zu spät.

An diesem Tag betete ich mit dem Kopf auf dem Lenkrad meines alten Ford Mondeo: „Herr, hier hast du mein Leben! Ich bin am Ende! Schenke du mir einen Neuanfang!"

Mit 34 Jahren zog ich für einige Wochen wieder zu meiner Mama, so lange, bis ich eine kleine Wohnung fand. Im Jahr 2006 lernte ich meine heutige Frau kennen. Im Nachhinein kann ich es kaum verstehen, wie sie sich in so einen kaputten Typen wie mich verlieben konnte. Mein Leben bekam eine gewisse Stabilität, zumindest nach außen hin. Mein Sohn, mein Papa und viele andere Familienmitglieder waren mir allerdings fast fremd bzw. ich ihnen.

2007 sah ich eines Nachts meinen betrunkenen Vater durch unser Städtchen schwanken. Eine Stimme tief in mir flüsterte zu meinem Herzen: „Dein Papa hat nicht mehr viel Zeit. Mach Frieden, solange du es noch kannst und bevor es zu spät ist!"

Woher kam diese Botschaft? Ich kämpfte doch so hart mit mir selbst, wie konnte es da Frieden zwischen meinem Vater und mir geben? Zwischen mir und diesem Typen, dem ich aus dem Wege ging, vor dem ich mich nicht selten versteckte! Den ich verleugnete! Den ich Erzeuger anstatt Vater nannte!

Eines Nachts träumte ich, mein Papa sei gestorben. Am nächsten Morgen wusste ich, was ich zu tun hatte. Ich ging den schwersten Weg meines Lebens. Nur 140 Meter von meiner Wohnung entfernt wohnte Papa in einer Kneipe, in Zimmer

Nummer 5. Ich musste ihn erreichen, so schnell es ging, und ihm sagen, dass ich ihn liebe, bevor es zu spät war.

So stand ich an diesem Tag mit schweren Beinen in seiner Bude und flüsterte: „Papa, ich hab dich lieb!“ Mit 37 Jahren sprach ich ihm meine Liebe aus und bat ihn um Verzeihung für meine Schuld. Diese Worte veränderten nicht nur mein Leben, sondern seines gleich mit – sowie auch das Leben von vielen, die später diese Geschichte auf verschiedenen Wegen hörten.

Ich empfand pure Freiheit. Es war nicht zu spät gewesen, ich war noch rechtzeitig bei ihm. Zweieinhalb Jahre hatten wir noch miteinander. In dieser Zeit erzählte er mir von seinem Leben. Je mehr ich von ihm erfuhr, desto mehr verstand ich ihn (Verstehen bedeutet allerdings nicht Rechtfertigung oder jemanden aus seiner Verantwortung zu entlassen).

Sein Vater, mein Opa, hatte auch ihn verprügelt. Lob und Wertschätzung hatte es nicht gegeben. Opa war im Krieg gewesen und in russischer Kriegsgefangenschaft. Über Gefühle sprechen oder sie zeigen, das war ihm nicht möglich gewesen. So ist es immer und immer wieder in dieser Welt: Einer gibt dem anderen die Lieblosigkeit weiter, bis zu dem Tag, an dem es einmal zu spät ist – oder bis zu dem Tag, an dem dieser Teufelskreis durch Vergebung, Annahme und Liebe unterbrochen wird.

Als ich damals zu meinem Papa ging, erwartete ich nichts, denn wer etwas erwartet, wird enttäuscht. Ich ging, um ihm meine Liebe auszudrücken und ihn um Verzeihung zu bitten, bevor es zu spät sein würde. Das hätte ich mir vielleicht selbst nie verziehen.

Nie wieder sagte ich, er solle mit dem Saufen aufhören. Ich liebte ihn einfach. Wir verbrachten Zeit miteinander und redeten viel. Eines Tages hörte er mit dem Trinken auf. Er fand für viele Menschen versöhnliche Worte. Wo Bitterkeit gewesen war, entstand Freude. Wo einst Böses war, nahm Liebe den Platz ein. So bat er mich eines Tages darum, mit ihm zu beten. Unfassbar, was Liebe mit einem Menschen machen kann. Trotz alledem brauchten wir fast zwei Jahre, bis wir uns zum ersten Mal in den Armen lagen. Zu groß waren unsere Verletzungen. In Gedanken hielten wir einander – ich ihn und er mich. Ein Stück vom Himmel ... angenommen und gehalten ...!

Mein Papa durfte noch die Geburt meiner Tochter 2009 erleben. Als er einen Tag später ins Krankenhaus kam, um seine Enkelin zu sehen, gab ich ihm das kleine wunderbare Glück in seine Arme. Als er sie hielt, weinte er. Ein Jahr später ging er im völligen Frieden zu Jesus. Kurz bevor er ging, sprach ich ihm noch einmal meine Liebe zu und küsste ihn auf seine Wange.

Drei Monate später hatten meine Frau und meine Tochter einen grauenhaften Autounfall. Ein junger Mann fuhr mit überhöhter Geschwindigkeit in das Auto meiner Frau. Unsere Freundin, Mutter von fünf Kindern starb noch am Unfallort. Meine Frau kämpfte einige Tage um ihr Leben, der Sohn unserer Freundin und meine kleine Tochter überlebten wie durch ein Wunder.

Zwischendurch bat ich noch meinen Sohn und seine Mama um Vergebung.

Zwei Jahre später starb mein Onkel Heinz, der oft wie ein Vater für mich gewesen war. Kurz vor seinem Tod machte er Frieden mit Gott und versicherte mir dreimal seine Liebe.

2018 erlitt ich einen schweren Herzinfarkt. Während die Ärzte um mein Leben kämpften, gab ich Jesus noch einmal mein Jawort, bekannte alle meine Schuld und bereute die Liebe, die ich nie gegeben hatte. Ja, ich bin auch aufgrund der Worte, die ich nie ausgesprochen, und aufgrund der Liebe, die ich nie verschenkt habe, schuldig geworden.

Das war mein kleines Leben im Zeitraffer. Letztendlich verstehe ich die Armen dadurch, dass ich arm war (wie auch immer wir Armut definieren, so oder so, ich war ein armer Kerl). Ich verstehe die Gedemütigten, weil ich andere gedemütigt habe und selbst gedemütigt wurde. Ich verstehe die Obdachlosen, weil ich dies selbst erlebte. Ich verstehe jene, die schuldig wurden, weil ich selbst so oft schuldig wurde. Ich verstehe Väter,

Ehemänner, Brüder, Söhne, die versagt haben, weil ich in all diesen Bereichen auch versagt habe.

Ich kann nachvollziehen, wie es Menschen ergeht, die Katastrophen erlebten, denn auch ich musste durch solche hindurch. Und ich verstehe jene, die selbst um ihr Leben bangen, weil mein kleines Leben ebenfalls in Gefahr war.

Einst sagte mir ein sterbendes Kind mit 16 Jahren: „Gib dein kleines Leben in Gottes weiche Hände."

Ja, das habe ich getan. Ich habe mein kleines Leben in seine wunderbaren und liebevollen Hände gegeben. In die Hände, die durchbohrt wurden. Heute, an diesem Karfreitag, gedenken wir dieser unfassbaren Tat aus Liebe, die menschlich nicht zu begreifen ist.

Karfreitag

ER lässt sich gefangen nehmen,
um uns die Freiheit zu schenken …
ER lässt sich entwürdigen, damit uns Würde zuteilwird …
ER lässt sich erniedrigen, damit wir erhöht werden …
ER gibt sein Leben, damit wir leben …
Hände, die heilten, und Füße, denen kein Weg zu weit war,
werden angenagelt und durchbohrt …
ER tauscht die Königskrone gegen eine Dornenkrone …
Das Licht der Welt stirbt in Dunkelheit …
Der Odem des Lebens erstickt an einem Kreuz …
Das Wasser des Lebens flüstert: „Mich dürstet" …
Was für ein Gott, was für ein Mensch –
welch eine nie da gewesene Liebe!
Es ist vollbracht!
Der Himmel steht offen …

Wenn du dieses hier und jetzt liest, dann ist es auf jeden Fall noch *nicht* zu spät. Nicht zu spät, um dieses Geschenk anzunehmen.

In meinem Leben war ich viel zu oft zu spät dran. Allzu vieles konnte ich nicht mehr nachholen. So manches Wort konnte ich vielen Menschen nicht mehr zusprechen, weil sie schon lange nicht mehr da sind.

Doch eines durfte ich auch erfahren: Auch für all das, wofür es zu spät war und ist, ist Jesus gestorben. Ja, Jesus starb auch für Worte, die wir nie gesagt, für Taten, die wir nicht getan, für Leben, das wir nie gelebt bzw. erlebt haben ...

Jesus starb aus Liebe, die wir nie gegeben haben.

Es ist Zeit, ihm all das zu geben – was wir nicht in Liebe gesagt, nicht aus Liebe gelebt und all die Liebe, die wir nie geschenkt haben ...

Darum, solange wir noch Zeit haben, lasst uns Gutes tun ... (Galater 6,10a).

3 – Verloren und gewonnen

Auf eine sehr eindringliche Art und Weise musste ich feststellen, dass es ein Zuspät gibt. Mitten in meiner Trauer über den Verlust eines lieben Menschen und über ein geplantes Vorhaben, welches nie umgesetzt werden konnte, tippe ich diese Zeilen in meinen Laptop. Um diese Geschichte zu erzählen, muss ich ein wenig ausholen:

Mein Opa väterlicherseits war ein harter Mann. Wie bereits erwähnt, war er im 2. Weltkrieg im Einsatz und an dessen Ende in Kriegsgefangenschaft, aus der er 1948 zurückkam. Jemanden in den Arm nehmen oder Gefühle zeigen, das konnte bzw. wollte er nicht. Wenn man ihn auf den Krieg ansprach, wurde er zornig und verschwand. Es war, als würde man eine tiefe Wunde berühren. Er hatte all das nie „überWUNDEN".

Ich glaube, dass er im Grunde nie wirklich aus der Gefangenschaft herausgekommen ist. Eine meiner Tanten erzählte mir, er habe im Krieg zu trinken angefangen und habe seine Kinder nie loben oder in den Arm nehmen können. Sehr, sehr selten lächelte er.

Einmal, so glaube ich, hatte er Tränen in den Augen, ich bin mir aber nicht sicher. Während wir zu Besuch auf seinem Geburtstag waren, hatte er ein wenig zu viel getrunken. Er erhob sein Weinglas und begann alte Lieder zu singen, Lieder über Heimat und Sehnsucht. Seine Augen schienen in eine andere Welt zu schauen – so sehe ich ihn gerade vor mir.

Ich wünschte, du könntest ihn jetzt auch sehen, wie er damals war. Er war ein kleiner, kantiger Mann. Er hatte oft eine graue Hose und eine Weste an. Da stand er nun in seinem kleinen Wohnzimmer und wurde zum Mittelpunkt des Abends. Der Mann, der oft so still war, begann mit dem erhobenen

Weinglas zu singen. Wenn er sonst sprach, gab er normalerweise nur kurze, mürrische Anweisungen mit einem strengen Blick. Doch an diesem Abend war alles anders. Es schien, als gäbe er uns einen kleinen Einblick in sein verwundetes Herz. Er sang von der Sehnsucht, nach Hause zu kommen, über Liebe, über das Angekommensein.

Die Tatsache, dass ihm Umarmungen und das Zeigen von Gefühlen so schwerfielen, prägte seine Kinder. Oma war da ganz anders. Doch das Lob des Papas fehlte. Was für eine Zeit! Viele Väter waren nicht da oder waren traumatisiert und konnten kaum Gefühle zum Ausdruck bringen.

Als mein Opa 1948 aus der Gefangenschaft heimkam, kehrte ein verletzter, bitterer Mann zurück. Kurze Zeit später gebar meine Oma einen weiteren Sohn, den sie Werner nannten. Doch Werner lebte nur zwei Wochen. Was für eine Tragödie, was für ein Schmerz musste sein Tod gewesen sein! Ich hörte Opa auch nie darüber sprechen. So blieben meinen Großeltern noch ihre vier Mädchen und ein Sohn, mein Papa.

Eines der Mädchen, also eine Tante von mir, bekam 1956 einen Sohn, meinen Cousin Karl-Heinz, und zwei Jahre später noch Zwillinge, Rolf und Werner. Die Kinder wurden unehelich geboren, ein Stigma zur damaligen Zeit. Sie stand allein mit den Kindern da und kämpfte sich irgendwie durch, verdiente mit harter Arbeit das Geld zum Überleben. Trotzdem konnte sie es den meisten, besonders ihrem Vater, nicht recht machen.

Oma und Opa kümmerten sich zuerst um Karl-Heinz während meine Tante arbeitete, und dann kamen ja noch die Zwillinge. So lebten in diesem kleinen Häuschen zeitweise bis zu zehn Personen in sehr ärmlichen Verhältnissen. Völlig überfordert und traurig mussten meine Tante und meine Oma sich eingestehen, total überfordert zu sein, und so kamen die Zwillinge in ein Kinderheim. Immer wieder hat mir meine Oma traurigen Herzens darüber berichtet. Sie kam nie damit klar. Meine Tante zog weg. Karl-Heinz wurde fast überall verprügelt, von Opa, den Lehrern, den Mitschülern, ja, sogar vom Pfarrer, und von vielen anderen auch. Irgendwie war er als uneheliches Kind so eine Art Freiwild. Karl-Heinz rebellierte, zündelte, schlug um sich, und eines Tages schnappte er sich unseren Opa und sagte zu ihm: „Heute hast du mich das letzte Mal geschlagen." Karl-Heinz war damals zwölf, und diese Begebenheit war der Auslöser dafür, dass auch er 1968 „ins Heim" musste. Er kam in ein „Heim für Schwererziehbare" und wurde immer wieder einmal von einem Heim ins andere geschoben.

Die Jahre vergingen, die drei Jungs wurden zu Männern. Jeder gestaltet nun sein Leben neu. Ihre Mutter war mittlerweile nach München gezogen, ebenso Karl-Heinz. Immer wieder besuchten uns die beiden. Irgendwie gab es mit ihnen stets etwas zu lachen. So freute ich mich schon Tage im Voraus, wenn ihr Besuch angekündigt wurde, und umso trauriger war ich, wenn ich sie wieder zum Bahnhof begleitete und Abschied nehmen musste. Ich winkte ihnen, bis der Zug um die Kurve bog und ich ihre aus dem Zugfenster winkenden Hände nicht mehr sehen konnte.

1984 starb meine Oma, und somit kam die ganze Familie zusammen. Dies war der Tag, an dem mein Cousin sagte, er werde nie wieder in die Heimat kommen. Der Opa habe ihm zu viel angetan, er wolle nicht mehr daran erinnert werden. Ich verstand das nicht, wollte es nicht glauben. Nie wieder sollte ich sie am Bahnhof abholen, konnte das sein?

Vier Jahre später starb unser Opa, und Karl-Heinz kam, wie angekündigt, nicht zur Beerdigung. So blieben mir nur die Erinnerungen an ein paar Besuche meines geliebten Cousins und seiner Mutter. Die beiden anderen hatte ich bis dahin nie gesehen, aber ich war schon neugierig auf sie. Oma hatte mir so viel von den beiden erzählt, wenn auch mit schwerem Herzen. Was war aus ihnen geworden? In unserer Verwandtschaft wurde nicht viel geredet. Vieles blieb ein Geheimnis.

1999 lag meine Tante im Sterben, die Mutter der drei Jungs. Ich besuchte sie ein letztes Mal. Die Frau, mit der ich so viel hatte lachen können, lag nun in ihren letzten Atemzügen. Wenige Tage später starb sie. Die letzten Wochen ihres Lebens verbrachte sie bei meinem Cousin Rolf; er und seine Familie kümmerten sich liebevoll um sie. Obwohl seine Mama nicht wirklich viel Zeit im Leben für ihn gehabt hatte, ließ er es sich nicht nehmen, sich um sie zu kümmern. Einmal sagte Rolf: „Egal was war, sie ist meine Mutter!“ Was für eine Stärke! Ich hatte Rolf lieb und bin froh, dass ich ihm dies auch mitteilen konnte.

Nun stand ihre Beerdigung an. Was zu Lebzeiten oft nicht gelingt, geschieht seltsamerweise, wenn jemand gestorben ist: Alle kommen zusammen. Auf einer Beerdigung hatte ich Karl-Heinz das letzte Mal vor 15 Jahren gesehen, und nun wieder. Er schien gebrochen. Wir wechselten kaum ein Wort. Auch meine Cousins Werner und Rolf sah ich dort, zum ersten Mal. Trotz der traurigen Umstände verstanden wir uns prima. Das waren sie also, die Zwillinge. So viel hatte ich von ihnen gehört, aber sie bis zu diesem Zeitpunkt nie getroffen.

Die nächsten Jahre besuchten wir uns gegenseitig ein paarmal. Uns trennten etwa 250 Kilometer. Doch jeder von uns lebte sein eigenes Leben, und so hörten wir irgendwann auf, uns gegenseitig zu besuchen, hielten aber über SMS, WhatsApp und Facebook den Kontakt. Oft führten wir emotionale Telefonate oder schrieben uns gegenseitig mitten aus unseren Herzen. Wir wollten uns unbedingt wiedersehen. Von Karl-Heinz hörte ich nichts mehr.

Jahre vergingen; immer wieder nahmen Rolf, Werner und ich uns ein Treffen vor, aber irgendwie fehlte es an der Umsetzung. Karl-Heinz war verschollen. Ich suchte über 20 Jahre nach ihm. Wo ich auch fragte und suchte, nichts, keine Infos, kein Lebenszeichen. „Er ist tot“, hörte ich einige sagen, oder: „Der lebt schon lange nicht mehr.“ Einige meinten: „Michael, lass es, es hat doch keinen Sinn!“

Bei diesen Kommentaren erinnerte ich mich stets an eine Szene aus dem Film „Jesus von Nazareth“. Jesus geht darin auf einen Blinden zu, aber Petrus hält ihn am Arm fest und sagt: „Meister, er ist blind geboren, er hat sich an sein Leben gewöhnt, warum es ändern?“ Und Jesus schaut ihn so innig an und antwortet ihm: „Weil ich auf dieser Welt bin. Und solange ich auf dieser Welt bin, bin ich das Licht dieser Welt."

Das berührte mich damals, als ich den Film sah, und auch heute. Karl-Heinz galt als vermisst, für viele als tot, doch ich wollte Klarheit, denn wenn ich Jesus in meinem Herzen habe, dann trage ich das Licht dieser Welt in mir; und solange ich auf dieser Welt bin, möchte ich mehr und mehr zum Licht für andere werden.

Rolf und ich tauschten uns viel übers Handy aus und grübelten, wie wir Karl-Heinz finden könnten. Er versorgte mich mit Informationen, doch wir prallten stets gegen eine Mauer des Schweigens.

So verging wieder einmal Zeit. Karl-Heinz war nicht zu finden. Rolf, Werner und ich wurden von der Corona-Pandemie ausgebremst und verschoben deshalb unser Wiedersehen immer wieder.

Seit 2010 ist der Klingelton meines Handys ausgeschaltet. In diesem Jahr starb zuerst mein Jungendfreund, dann mein Papa und dann geschah dieser grauenhafte Unfall – stets erfuhr ich per Telefon von diesen schrecklichen Ereignissen. Damals konnte ich das Klingeln meines Handys nicht mehr ertragen. Seitdem ist der Signalton abgestellt. Am 30.12.21 sah ich, dass Rolf mich angerufen hatte. Im Spaß sandte ich ihm eine Sprachnachricht: „Hey Rolf, du weißt doch, ich habe stets den Ton aus. Was gibt's, sprich mir doch kurz was drauf." So oder so ähnlich lautete meine Nachricht.

Kurze Zeit später bekam ich Antwort von Rolfs Handy, aber nicht von ihm selbst, sondern von seiner Tochter: „Mein Papa ist heute Nacht gestorben."

Diese Nachricht traf mich wie ein Blitz aus heiterem Himmel. Zu dieser Zeit litt ich noch unter einer heftigen Erkrankung und war ziemlich schwach. Wie betäubt lief ich ins Wohnzimmer zu meiner Frau und erzählte ihr, dass Rolf in der Nacht gestorben war, einen Tag vor seinem Geburtstag. Kurz bevor er in den wohlverdienten Ruhestand gehen wollte. Kurz bevor er uns mit seiner Familie besuchen wollte. Wir wollten uns doch wiedersehen. Wir wollten doch unsere gemeinsame Heimat erkunden, zusammen lachen und vielleicht auch weinen, einfach Zeit miteinander verbringen, alleine oder mit unseren Familien.

Ja, Familie war ihm so wichtig geworden. Familie, die er in dieser Form als Kind nicht erfahren hatte. Monate zuvor hatten wir einmal geweint, als wir uns gegenseitig Sprachnachrichten schickten. Er erzählte mir, dass er regelmäßig bete, für seine Familie und für sich, und dass diese Gebete ihm Ruhe und Frieden schenkten.

Oh, wir hatten noch so viel zusammen unternehmen wollen. Leider war es nun zu spät. Zu spät, sich zu umarmen, miteinander zu reden, zu weinen, gemeinsam die Heimat zu erkunden. Ja, es gibt ein Zuspät, ich erlebte es gerade selbst wieder.

So machte ich mich auf die 250 Kilometer Weg, nicht, um ihn mal wieder zu sehen, um eine schöne gemeinsame Zeit zu erleben. Nein, nun hatte ich Zeit, aber ich musste sie mir nehmen, um auf Rolfs Beerdigung zu fahren. Während der Hinfahrt kreisten meine Gedanken. Ich fühlte mich schlecht und war traurig. Bei meiner ersten Begegnung mit seiner Familie sagte ich: „Es tut mir so leid, dass ich es nicht früher auf die Reihe gebracht habe zu kommen! Ich schäme mich."

Seit diesem Tag wachsen unsere Familien Stück für Stück zusammen. Wir besuchen uns gegenseitig und schreiben uns viel. Meine Tochter machte bereits eine Woche Urlaub bei einer Tochter von Rolf.

In den Wochen nach der Beerdigung bekamen wir immer wieder einmal Besuch von Rolfs Familie, so auch am 28. Februar, an dem meine Mama ihren Geburtstag feierte. Als wir alle miteinander am Tisch saßen, sagte ich: „Es wäre so schön, wenn Karl-Heinz noch leben würde und wir ihn endlich finden könnten. Falls er noch lebt, möge Gott uns schenken, dass wir ihn finden, und er soll ihn an diesen Tisch führen." So lautete damals meine Bitte an Gott, im Beisein meiner Familie.

Also fing ich wieder mal an, Karl-Heinz zu suchen. Wir holten alle Informationen zusammen, telefonierten mit Behörden und schrieben E-Mails. Da nahm das Wunder seinen Lauf.

Eines Tages, ich war gerade im Garten und schaute nach meinen drei Schildkröten, rief mir meine Frau vom Balkon aus zu: „Er lebt! Karl-Heinz lebt!“ Von einer Behörde hatten wir eine E-Mail mit dieser guten Nachricht bekommen, auf die ich 23 Jahre lang gewartet hatte. Ich jubelte und war unbeschreiblich aufgeregt.

Ich versuchte nun, seine Telefonnummer herauszufinden, doch Fehlanzeige, er hatte sich nicht registrieren lassen, und die Damen von der Auskunft hielten sich an den Datenschutz. Karl-Heinz lebte in Hamburg. Da fiel mir mein guter Freund ein, Alexander Dimitrenko, der ehemalige Europameister im Box-Schwergewicht. Ich bat ihn, er möge zu meinem Cousin fahren. Obwohl er eigentlich keine Zeit hatte, ließ er alles stehen und liegen und fuhr zu der Adresse, die wir herausgefunden hatten. Doch niemand öffnete. Na ja, vielleicht war es keine so gute Idee, einen Zwei-Meter-Riesen dort klingeln zu lassen.

Ich entschloss mich nun, einen Brief zu schreiben – Zeilen mitten aus meinem Herzen sollten sein Herz berühren. Ich hatte ja keine Ahnung, was aus ihm geworden war. War er krank? Kriminell? Verbittert? Wütend? Verschlossen? Oder etwas ganz anderes, oder alles auf einmal? Als ich den Brief bei der Post aufgab, betete ich. Per Einschreiben reisten meine Zeilen zu Karl-Heinz.

An einem Freitag traf mein Brief bei ihm ein. So hoffte ich, noch am selben Tag etwas von ihm zu hören. Doch der Freitag verging, ebenso der Samstag und der Sonntag. Am Montagmorgen kniete ich im Gebet hin und bat Jesus, das Herz meines Cousins zu berühren, sodass er sich melden möge. Was würde Gott tun, der doch schon so viel getan hat? Der Gott, der aus Liebe schon alles getan hat …

An diesem Tag leitete ich am Abend ein Training, als ich in meiner Pause einen Anruf auf meinem Handy sah. Ich rief zurück und dachte zuerst gar nicht an meinen Cousin. Am anderen Ende der Leitung vernahm ich einen kühlen norddeutschen Dialekt. Ich brauchte eine Weile, bis ich realisierte, dass ich nach 23 Jahren mit Karl-Heinz telefonierte. Es war ein langes, intensives Telefonat. Allerdings fragte ich nie nach dem Warum und Wieso. Wenn er reden wollte, würde er reden, dachte ich mir, denn manchmal schwingt bei solchen Fragen auch ein stückweit Anklage mit. Ich wollte nicht anklagen, ich war einfach nur glücklich und dankbar, den Vermissten wiedergefunden zu haben, erleben zu dürfen, dass der Totgeglaubte lebte.

Wie sagte einst Jesus? „Solange ich auf dieser Welt bin, bin ich das Licht dieser Welt." Dunkelheit ist die Abwesenheit von Licht. Ich hatte es nie akzeptiert, nie hingenommen, dass alles so dunkel bleiben sollte, wie es fast immer gewesen war. „Siehe, ich mache alles neu!", versprach Jesus. Ich durfte es erleben, dass Jesus Neues geschaffen hatte.

Bei dem Telefonat an diesem Tag teilte ich Karl-Heinz mit, dass sein Bruder gestorben war. Von diesem Tag an telefonierten wir fast täglich miteinander und erzählten uns ein Stück aus unserem Leben.

Meine Familie und ich luden ihn zu uns nach Hause ein. Dieser Einladung kam er nach. Er kehrte nach 38 Jahren in seine Heimat zurück (unser letztes Wiedersehen bei der Beerdigung seiner Mutter hatte ja 250 Kilometer von unserer Heimat entfernt stattgefunden).

So hatte sich Karl-Heinz am Karfreitag 2022 nach 38 Jahren auf den Weg in seine alte Heimat gemacht, obwohl er an der Beerdigung unserer geliebten Oma gesagt hatte, er werde nie mehr hierherkommen. Aber jetzt war er tatsächlich wieder da. Ich lud alle ein, die ich auf dem Herzen hatte, wenn auch manche nicht kommen wollten bzw. krankheitsbedingt nicht konnten.

So kam es, dass Karl-Heinz im Kreise seiner Lieben gemeinsam an unserem Tisch seine Geschichte erzählte. Viele kamen, um den Vermissten, den Totgeglaubten wiederzusehen. Alle saßen an dem Tisch, an dem ich Wochen zuvor Gott gebeten hatte: „Guter Gott, bitte schenke uns Klarheit, ob Karl-Heinz noch lebt oder nicht. Wenn er lebt und es dein Wille ist, dann führe ihn an diesen Tisch." Gott hatte es gewollt. Jesus hatte Karl-Heinz an diesen Tisch geführt, von dem aus dieses Gebet mitten aus meinem Herzen in das Herz Gottes gesendet worden war.

Es wurde an diesem Tag viel gelacht, aber auch so manche Träne vergossen. Es war so unbeschreiblich traurig: Rolf und ich hatten Karl-Heinz unbedingt finden wollen, und jetzt, wo Karl-Heinz wieder da war, war Rolf nicht mehr da. Ich führte ihn an das Grab seines Bruders, der im Grab ihrer Mutter beigesetzt worden war, die ihre Kinder geliebt, der es aber an Kraft gefehlt hatte, ihre Kinder bei sich großzuziehen. Es gibt noch zwei ältere Damen bei uns im Dorf, welche früher mit ihr befreundet waren, und die beide dasselbe über meine Tante sagten: Sie habe ihre Kinder sehr geliebt und es habe ihr das Herz gebrochen, dass alle drei in ein Kinderheim gekommen waren.

In meinem Herzen weiß ich, dass Rolf sich vom Himmel aus sehr über uns freut – Freude darüber, dass Karl-Heinz wieder da ist. Wir alle hatten einen Mangel an Liebe erleiden müssen, jeder auf seine eigene Weise. Aber Gott hatte unsere Familien wieder zusammengeführt. Man mag es allerdings drehen und wenden, wie man will, Rolf fehlt! Ich bereue so sehr, dass ich damals nicht einfach in mein Auto gestiegen und zu ihm gefahren bin, ganz spontan, ohne groß zu überlegen – einfach machen, bevor es zu spät ist.

In dieser Zeit verlor ich also den einen wunderbaren Cousin und fand zugleich einen anderen wunderbaren Cousin. Karl-Heinz gab mir sein Ja, einen Teil seiner Geschichte berichten zu dürfen, und Rolf, da bin ich mir sicher, freut sich über alle, deren Herzen dadurch berührt werden.

Auf die vielen Warum-Fragen habe ich, wie so oft, keine Antworten. Machen wir einfach aus allem irgendwie das Beste, mit dem, was wir haben, dort, wo wir sind, im Vertrauen darauf, dass Gott den Rest macht. Karl-Heinz, Werner und ich genießen unseren Neuanfang. Wir können zusammen lachen, weinen und uns gegenseitig unsere Zuneigung aussprechen, und unser Rolf freut sich vom Himmel aus mit uns über diesen Neuanfang, über unsere gegenseitige Liebe.

Planst auch du einen Besuch bei einem Freund oder jemandem aus der Familie? Schiebst auch du es schon länger vor dir her? Falls ja, bitte überlege nicht zu lange, mach es einfach! Was wir aus Liebe tun, kann nie falsch oder zu früh sein. Allerdings kann es ein Zuspät geben; mache nicht denselben Fehler wie ich.

4 – Verpasste Umarmung

Von klein auf war sie meine Vertraute, meine Tante Elfriede, meine Taufpatin. Von jeher nannte ich sie „Dodo". Sie war fast 60 Jahre mit ihrem Mann, meinen geliebten Onkel Heinz, zusammen. Er brachte mir Selbstverteidigung bei. Heinz versöhnte sich kurz vor seinem Tod mit Gott. Bei meinem letzten Besuch an seinem Krankenbett versicherte er mir dreimal seine Liebe. Niemals zuvor hatte er mir dies gesagt. Mein „Onkele Heinz" war Jahrgang 1930 und selbst ohne Vater aufgewachsen. Bis kurz vor seinem Tod hatte er sich so schwergetan, über Gefühle zu sprechen, aber dann redete er mit Gott und sprach mir seine Liebe zu – und wir umarmten uns dabei.

Als er gestorben war, klingelte wieder einmal mein Telefon, wieder einmal, um mir eine schreckliche Nachricht zu übermitteln. Gemeinsam mit meiner Cousine, Dodos Tochter, fuhr ich zu meiner Tante, um ihr die Todesnachricht zu überbringen. Sie schrie laut, weinte und wollte es nicht wahrhaben. Es wird viel geschrien in dieser Welt. Wahrscheinlich ist es bei vielen nur Angst. Vielleicht eine ähnliche Angst wie bei Dodo, dass das Leben nie mehr so sein wird, wie es einmal war. Es mag tatsächlich oft Angst sein, welche die Menschen so schreien lässt.

Dodo war damals 79 Jahre. Sie lebte nun allein in ihrem Häuschen. Wenige Monate später zog sie in ein Altersheim. Sie vermisste ihren Heinz und ihr gemeinsames Häuschen so sehr. Der Montag wurde unser gemeinsamer Ausgehtag. Montags fuhren wir auf den Friedhof, dann gingen wir in die Kirche, um gemeinsam zu beten und im Anschluss in unser geliebtes Café.

So vergingen weitere Jahre, bis die Demenz zunehmend von ihr Besitz ergriff. Sie tat sich immer schwerer, die richtigen

Worte zu finden. Manchmal erkannte sie mich nicht mehr. Wenn ich allerdings zu beten begann, stimmte sie mit ein. Oft streichelte sie mein Gesicht und küsste mich.

Eines Mittwochnachmittags schrieb mir meine Cousine, der Sterbeprozess habe eingesetzt. Von nun war jeder Besuch, jedes Händehalten, jedes Wort noch kostbarer. Mal ehrlich, der Sterbeprozess hat doch irgendwie schon bei unserer Geburt begonnen. Sollte daher nicht jedes Wort, jede Berührung, jede Begegnung etwas Besonderes sein?

An einem Donnerstagabend im September 2022 schrieben wir uns, meine Cousine und ich. Ich teilte ihr mit, dass ich am nächsten Morgen noch einmal Dodo besuchen würde, um mit ihr zu beten und sie noch einmal in meine Arme zu nehmen. Was wir beide zu diesem Zeitpunkt nicht ahnten: Genau um diese Zeit, als wir einander schrieben und jeder von uns beiden am Handy Tränen vergoss, ging Dodo zu Jesus.

Es war eine schwere Nacht. Ich wollte sie unbedingt noch einmal in meine Arme nehmen. Ich stand früh auf und machte mich frisch, als ich hörte, dass meine Frau mit dem Auto nach Hause kam. Sie hatte schon in der Frühe etwas in der Stadt zu tun gehabt. Als ich ihr die Haustüre aufmachte und in ihr Gesicht sah, wusste ich schon, was sie mir gleich sagen würde: „Micha, es ist zu spät, deine Dodo ist heute Nacht gestorben." Meine Cousine hatte ihr per Telefon Bescheid gegeben. Mein Handy war ja lautlos, weil der Klingelton für mich oft wie der Klang einer Totenglocke gewesen war. Nun kamen die Nachrichten über andere Kanäle zu mir und trafen mich tief in meinem Herzen.

Ich konnte meine Tränen nicht mehr zurückhalten und fuhr zum Altersheim, zu Dodo. Als ich in das Zimmer kam, hielt meine Cousine ihre Mama, meine geliebte Tante Elfriede, in ihren Armen. Auch ich ging ans Bett, kniete mich davor hin und nahm Dodo in meine Arme. Doch kein Leben war mehr in diesem Körper der wunderbaren Frau, mit der ich so viel hatte erleben dürfen. Leider war ich zu spät. Allerdings bin ich so dankbar für jede Umarmung zu Lebzeiten, für jedes gemeinsame

Lachen und für jedes gemeinsam gesprochene Gebet. Ja, im Bewusstsein, dass sie nicht mehr viel Zeit hatte, war jedes Wort, jeder Besuch, jede Berührung noch wertvoller gewesen.

Wie viel Zeit haben wir noch? Wie viel Zeit haben unsere Mitmenschen noch? Ist nicht in Anbetracht der Ewigkeit jedes Leben nur ein Wimpernschlag? Sollten wir daher nicht jeden Menschen wertschätzen und auf jedes Wort achten?

In Psalm 90, der von Mose stammt, spricht dieser über unsere Zuflucht und Vergänglichkeit:

Ein Gebet von Mose, dem Mann Gottes.
HERR, solange es Menschen gibt, bist du unsere Zuflucht!
Ja, bevor die Berge geboren wurden,
noch bevor Erde und Weltall unter Wehen entstanden,
warst du, o Gott, schon da.
Du bist ohne Anfang und Ende.
Du lässt den Menschen wieder zu Staub werden.
„Kehr zurück!“, sprichst du zu ihm.
Tausend Jahre sind für dich wie ein einziger Tag,
der doch im Flug vergangen ist,
kurz wie ein paar Stunden Schlaf.
Du reißt die Menschen hinweg,
sie verschwinden so schnell
wie ein Traum nach dem Erwachen.
Sie vergehen wie das Gras:
Morgens sprießt es und blüht auf,
doch schon am Abend welkt und verdorrt es
im heißen Wüstenwind.
Ja, durch deinen Zorn vergehen wir,
schnell ist es mit uns zu Ende!
Unsere Schuld liegt offen vor dir,
auch unsere geheimsten Verfehlungen bringst du ans Licht.
Dein Zorn lässt unser Leben verrinnen –
schnell wie ein kurzer Seufzer ist es vorbei!
Unser Leben dauert siebzig, vielleicht sogar achtzig Jahre.
Doch alles, worauf wir stolz sind, ist nur Mühe,

viel Lärm um nichts!
Wie schnell eilen die Jahre vorüber!
Wie rasch schwinden wir dahin!
Doch wer kann begreifen, wie gewaltig dein Zorn ist?
Wer fürchtet sich schon davor?
Mach uns bewusst, wie kurz das Leben ist,
damit wir unsere Tage weise nutzen!
HERR, wende dich uns wieder zu!
Wie lange soll dein Zorn noch dauern?
Hab Erbarmen mit uns, wir sind doch deine Diener!
Schenke uns deine Liebe jeden Morgen neu!
Dann können wir singen und uns freuen, solange wir leben!
So viele Jahre litten wir unter Not und Bedrückung;
lass uns nun ebenso viele Jahre Freude erleben!
Zeige uns, wie machtvoll du eingreifst
auch unsere Kinder sollen deine mächtigen Taten sehen!
HERR, unser Gott! Zeige uns deine Güte!
Lass unsere Mühe nicht vergeblich sein!
Ja, lass unsere Arbeit Früchte tragen!
(Psalm 90 HFA; Hervorhebung vom Autor)

Darum wollen wir uns gegenseitig wertschätzen und uns mehr und mehr bewusstwerden, wie wertvoll wir doch alle sind und wie vergänglich unser Leben ist. Dodo ist nun bei Gott, bei ihrem Heiland; nun hält er sie in seinen Armen. Zu Hause ist, wo die Liebe ist – Gott ist Liebe. Dodo ist zu Hause.

Eine Umarmung bedeutet: Hier bist du zu Hause, du bist angekommen, hier bist du sicher und geliebt.

Wen könntest du heute noch in die Arme schließen bzw. diesen Wunsch jemandem zum Ausdruck bringen, falls er heute nicht greifbar ist? Wem könntest du heute noch ein Stück vom Himmel schenken?

5 – Späte Versöhnung

In all meinen Vorträgen versuche ich alle Anwesenden irgendwie mit einzubinden. Spreche ich an Schulen, sind mir nicht nur die Schüler wichtig, sondern auch die Lehrkräfte oder der Hausmeister, der irgendwie von irgendwo mithört.

So auch eines Tages an einer Schule im Osten unseres Landes. Im Anschluss spürte ich, dass nicht nur die anwesenden Eltern im Vortrag berührt worden waren, sondern auch er, der Hausmeister.

Ich muss ein wenig schmunzeln, während ich den Begriff *Hausmeister* schreibe. Heute sagt man dazu *Facility-Manager*, viele einfache Wörter, so habe ich den Eindruck, gehen verloren. Irgendwie wird vieles komplizierter. Außer am Bett von Sterbenden oder bei denen, die auf irgendeine Art ganz unten sind; mit all diesen Menschen pflege ich einen sehr einfachen Umgangston. Dort gibt es keine *Facility-Manager*, *Store-Manager*, kein *Setting* oder *Work-Life-Balance*, da ist man nicht *busy* und es wird nicht *evaluiert* oder dergleichen, es wird einfach nur über Einfaches gesprochen, so zumindest meine Erfahrung. (Jetzt muss ich aber selbst aufpassen, dass ich nicht kompliziert werde ...)

An diesem Tag lernte ich also den Hausmeister der Schule kennen. Hausmeister sind ja nicht als solche geboren. Sie sind Söhne, manchmal Brüder, Ehemänner oder auch Väter. Ich spürte seinen Schmerz, ich konnte ihn in seinen Augen erkennen. Daraufhin schenkte ich ihm ein Büchlein von mir.

Ein Jahr später war ich wieder an dieser Schule, und wieder gab er mir einen kleinen Einblick in sein Leben. Er erzählte von seinem Vater, von Streit und von seiner hoffnungslosen Situation. Und wieder beschenkte ich ihn.

Vor wenigen Tagen bekam ich eine Mail von ihm. An den genauen Inhalt kann ich mich nicht mehr erinnern, aber an das Wesentliche. Das Unfassbare ist wahr geworden: Er hat sich nach 41 Jahren mit seinem Papa versöhnt. Ein Wunder – sie haben ihre ausweglose Situation gemeinsam überWUNDEN.

Er bedankte sich so herzlich bei mir. Mitten in meinen eigenen Zweifeln an mir selbst, meinem Dienst, meinen Minderwertigkeitskomplexen tat mir seine Nachricht so unendlich gut.

Der Hausmeister und sein Papa durften eine späte Versöhnung erleben.

Wo immer du dich nach Versöhnung sehnst, mögest du sie erleben.

Alle Dinge sind möglich dem, der da glaubt
(Markus 9,23b).

Wir wissen aber, dass denen, die Gott lieben,
alle Dinge zum Besten dienen …
(Römer 8,28a).

6 – Spätes Gift

Ja, ich habe noch einige Baustellen in meinem Leben. Der Unfall meiner Familie, mein Infarkt, aber auch so manches Wort, das mein Herz traf, hinterließen tiefe Spuren. Na ja, ich bin frei, sogar so frei, über das zu berichten, was mich noch gefangen hält.

Zum Beispiel können uns Worte so sehr treffen, dass sie noch Jahrzehnte später wie Gift in unserem Leben wirken. Dies möchte ich dir an einem Beispiel näherbringen.

In unserer kleinen Grundschule wurde jedes Jahr ein Kinderfest abgehalten. Wir Kinder bekamen einen Gutschein für ein Wurstbrötchen und ein Freigetränk. Dann gab es einen kleinen Umzug. Jedes Kind bekam einen Luftballon in die Hand. Am Ende der Ballonschnur wurde ein Karte angebracht, auf der man seine Adresse hinterließ. Das Kind, dessen Luftballon letztendlich am weitesten flog und dessen Karte zurückgesandt wurde, bekam einen kleinen Preis. Oft war es ein Buch oder sonst etwas in dieser Preisklasse.

Ich fand unser Kinderfest immer aufregend. Der normale Unterricht fiel aus, schon das war ein Grund zur Freude für mich. Es gab an diesem Tag viele Spielangebote auf dem Schulgelände. Eines der Highlights (ups, da haben wir schon wieder so ein komisches Wort), also ich meine, ein Höhepunkt war dann immer, wenn alle Luftballons gleichzeitig in den Himmel geschickt wurden. Wohin würde meiner fliegen? Könnte es sein, dass ich auch mal etwas gewinne? Wäre mein Papa dann stolz auf mich?

An zwei Luftballon-Aktionen kann ich mich noch erinnern. Beide Male stieg die Spannung, beide Male endete der Traum jäh mit der Tatsache, dass mein Luftballon sich im nächsten

Baum verfing. Während andere Ballons das Weite suchten, suchte ich selbst auf eine andere Art das Weite. Wieder würde ich nichts gewinnen. Wieder einmal war ich der Versager.

Damals dachte ich: „Ach, hätte ich doch noch einmal eine Chance. Dann würde ich mich woanders hinstellen oder dem Ballon einen anderen Schwung mitgegeben. Aber dafür war es wieder mal zu spät. Ich konnte den Ballon nicht aus den Bäumen befreien und es noch einmal versuchen.

Mein Vater war jedes Mal dabei. Als mein Luftballon sich auch im zweiten Jahr im Baum verhedderte, sagte er: „Du bist sogar zu blöd, einen Luftballon steigen zu lassen!"

Das traf mein kleines Herz sehr. Wie so vieles. Aber wenn man viel abbekommt, dann kann eine kleine Sache, die noch dazu kommt, eine Sache zu viel sein; oder das Gegenteil, dass man sie einfach irgendwie zusätzlich erträgt. Vielleicht verstehst du, wie ich es meine. Manche Schläge körperlicher oder seelischer Art ertrug ich mit einem gequälten Lächeln, ich nahm es irgendwie hin.

Damals wurde jedenfalls klar: Eine Karriere als Luftballon-Steigenlasser würde ich nie beginnen. Aber, Spaß beiseite, mit Luftballons war ich bedient. Ab diesem Tag gab es nie wieder so einen Wettbewerb.

Viele Jahre später kam das Jahr 2020, das Jahr an dem die sogenannte Corona-Pandemie unsere Welt im Griff hatte. In diesem Jahr heiratete mein Schwager. Er durfte mit maximal 50 Gästen feiern. Viele Einlagen waren geplant und – ich konnte es kaum glauben – nach 40 Jahren gab es wieder eine Luftballon-Aktion. Allerdings konnte man nichts gewinnen. Die Gäste wurden aufgefordert, ihre Wünsche für das Brautpaar auf eine Karte zu schreiben und dann diese Wünsche mit dem Luftballon nach oben zu senden. So machte ich mich nach 40 Jahren wieder mal daran, einen Luftballon in den Himmel steigen zu lassen.

Gemeinsam mit den anderen Gästen stand ich auf dem Platz vor dem Restaurant. „Bloß nicht in den Baum", schoss es mir durch den Kopf. Doch die Bäume waren weiter weg. Die Lage sah gut aus. Meinem Erfolg schien nichts im Wege zu stehen. Nach 40 Jahren würde ich nun vielleicht mein kleines Luftballontrauma besiegen können. Die Chancen standen gut. Wir hielten unsere Ballons in den Händen und begannen von zehn rückwärts herunterzuzählen. „... drei, zwei, eins – loslassen!" Alle ließen ihre Ballons los und begleiteten sie mit Begeisterung und Klatschen in den Himmel. Aber was war mit meinem los? Er bewegte sich keinen Millimeter in die Höhe, ja, noch schlimmer, er ging zu Boden. K. o. in der ersten Runde. Die Karte zu schwer? Die Schnur zu lang? Zu viele Wünsche platziert?

Weißt du, was mein erster Gedanke war? Es waren die Worte meines Papas, die wie ein Gift 40 Jahre später durch mein Gehirn und mein Herz schossen: „Du bist sogar zu blöd, einen Luftballon steigen zu lassen!"

So haben manche Erlebnisse von früher immer wieder mal ein wenig Macht über mich. Es wurden weniger in den letzten Jahren, aber die Macht der negativen Worte ist teilweise immer noch da. So gibt es Tage in meinem Leben, da denke ich, dass ich der größte Versager bin und zweifle an allem, was ich bin oder mache. Manchmal denke ich sogar, dass Gott alle Menschen auf dieser Welt liebt, außer einen – und dieser eine bin „ich". Gott sei Dank erleide ich dieses Gefühlschaos nicht mehr so oft wie früher. Allerdings habe ich in diesen „Selbstmitleidsphasen" eine ganz besondere Nähe zu Gott, und manchmal spreche ich mir selbst Ermutigung bzw. Bestätigung zu, die von Gott kommt, der sagt: „Du bist kostbar und wertvoll, weil ich dich liebe!"

Das spreche ich auch dir jetzt in Gottes Namen zu. „Du bist kostbar und wertvoll, weil Gott dich so sehr liebhat!"

Lasst uns darauf achten, dass wir Sätze mit „Du bist ..." immer in Liebe aussprechen, denn aus „Du bist ..." kann eines Tages „Ich bin ..." werden. Aus „Du bist geliebt" wird dann hoffentlich „Ich bin geliebt".

Falls du es selten oder gar nie gehört hast, oder auch, wenn du es sehr oft gehört hast, egal: „Du bist geliebt!"

Gottes Liebe entgiftet unsere Herzen!!!

7 – Fußpflege

Die Versöhnung mit meinem Papa hat mein ganzes Leben auf den Kopf gestellt, im positiven Sinn. Kampfsport betrieb ich nicht mehr länger aus dem Druck heraus, irgendjemandem etwas beweisen zu müssen. Von diesem Zeitpunkt an war ich nicht mehr auf der Flucht. Ich war in meiner Heimat angekommen, war wirklich zu Hause. So oft hatte ich mich dort geschämt. Kaum einen Schritt konnte ich gehen, ohne Angst zu haben, dass mein Vater besoffen ums Eck kommen würde, um zu pöbeln. All die Peinlichkeiten, die ich bis dahin hatte ertragen müssen, hatten mich gelähmt und in die Flucht getrieben. Ein Jugendlicher fragte mich einmal, ob ich ein Flüchtling sei. Ja, das war ich, ständig auf der Flucht. Ich war ein Flüchtling.

Aber nach unserer Versöhnung kam Friede in unser Leben. Es war mir eine Freude, meinem Papa eine Freude zu machen. Wir gingen gemeinsam auf Fußballspiele. Er kam regelmäßig zum Essen. Wir lachten zusammen und sprachen so manches Gebet gemeinsam. Eigentlich unbeschreiblich, was Worte und Taten, die aus der Liebe geboren sind, für ein neues Leben schaffen. Und doch ist da etwas, was ich zu Lebzeiten nicht gemacht habe: Ich hätte ihm so gerne die Füße gewaschen. Zwar habe ich seine Füße mal kurz massiert, aber gewaschen habe ich sie nie. Vielleicht verstehst du gerade meine tiefen Gefühle nicht, aber das ist nicht so entscheidend. Manches erschließt sich uns vielleicht auch erst sehr viel später.

Mich berührt total, dass Jesus seinen Freunden die Füße gewaschen hat. Der Evangelist Johannes beschreibt dies so:

Vor dem Passahfest wusste Jesus, dass für ihn die Zeit gekommen war, diese Welt zu verlassen und zu seinem Vater zurückzukehren. Nun bewies er seinen Jüngern das ganze Ausmaß seiner Liebe.
Es war Zeit für das Abendessen, und der Teufel hatte Judas, den Sohn des Simon Iskariot, schon dazu verleitet, seinen Plan wahr zu machen und Jesus zu verraten.
Jesus aber wusste, dass der Vater ihm uneingeschränkte Macht über alles gegeben hatte und dass er von Gott gekommen war und zu Gott zurückkehren würde. Er stand vom Tisch auf, zog sein Obergewand aus, band sich ein Handtuch um die Hüften und goss Wasser in eine Schale. Dann begann er, seinen Jüngern die Füße zu waschen und sie mit dem Handtuch abzutrocknen, das er sich umgebunden hatte.
Als er zu Simon Petrus kam, sagte Petrus zu ihm: „Herr, warum willst du mir die Füße waschen?"
Jesus antwortete: „Du verstehst jetzt nicht, warum ich das tue; eines Tages wirst du es verstehen."
„Nein", protestierte Petrus. „Du sollst mir niemals die Füße waschen!" Jesus erwiderte: „Wenn ich dich nicht wasche, gehörst du nicht zu mir."
Da rief Simon Petrus: „Dann wasche mir auch die Hände und den Kopf, Herr, und nicht nur die Füße!"
Jesus erwiderte: „Wer gebadet hat, braucht sich - ausgenommen die Füße - nicht zu waschen, um völlig rein zu sein. Ihr seid rein, allerdings nicht jeder hier." Denn Jesus wusste, wer ihn verraten würde. Das meinte er mit dem Satz: „Nicht jeder hier von euch ist rein."
Nachdem er ihnen die Füße gewaschen hatte, zog Jesus sein Obergewand wieder an, setzte sich und fragte: „Versteht ihr, was ich getan habe? Ihr nennt mich ‚Meister' und ‚Herr' und damit habt ihr recht, denn das bin ich. Und weil ich, der Herr und Meister, euch die Füße gewaschen habe, sollt auch ihr einander die Füße waschen. Ich habe euch ein Beispiel gegeben, dem ihr folgen sollt. Tut, was ich für euch

getan habe. Es ist nur zu wahr: Ein Diener ist nicht größer als sein Herr. Genauso sind die Boten nicht wichtiger als der, der sie gesandt hat. Ihr wisst das alles - nun handelt auch danach. Das ist der Weg zu eurem Glück!
(Johannes 13,1-17 NLB)

Was für ein Liebesdienst! Oft bekommt man ja zu hören, es sei völlig egal, an wen man glaube, und es sei im Grunde ohnehin alles dasselbe. Mal ehrlich, gibt es noch einen anderen Gott, der aus freiem Willen Mensch wurde? Thomas, einer der Freunde Jesu, sagte einmal zu Jesus: „Mein Herr und mein Gott!" Ja, mein Herr und mein Gott, mein Freund Jesus ist für mich der wunderbarste und liebevollste „Fußpfleger", der je die Welt betreten hat. Dieselben Hände, welche die Sterne an den Himmel gesetzt und den Planeten ihre Bahnen zugewiesen haben, „grubbeln" hier zwischen den staubigen Zehen seiner Freunde. Göttliche Hände massieren zerschundene, müde Füße und erfrischen sie mit Wasser. Der Sohn Gottes pflegt die Füße, von denen er wusste, dass sie weglaufen würden. Was für eine Tat, was für eine Liebe! Diese Liebe ist unbegreiflich, so einzigartig, so zärtlich, so kostbar. Sie ist nicht von dieser Welt, aber die Welt braucht Gottes Liebe so sehr. Du und ich, wir brauchen diese Liebe mehr als die Luft, die uns umgibt und die wir atmen.

Kurze Zeit nach dem Tod meines Papas durfte ich in einem Vortrag über unsere Versöhnung sprechen. Als ich fertig war, kam eine Frau, so um die 50 Jahre, zu mir und erzählte mir unter Tränen mitten aus ihrem Herzen: „Seit ich denken kann, hatte ich ein sehr angespanntes Verhältnis zu meinem Vater. Über Gefühle konnten wir nicht sprechen. Uns gegenseitig Liebe aussprechen, das ging gar nicht. Im Gegenteil, irgendwie fühlte ich nur Ablehnung und Hass ihm gegenüber. So lebten wir letztendlich aneinander vorbei, bis er schwer krank wurde und im Sterben lag. Eines Tages war ich ganz alleine mit ihm an seinem Krankenbett, als ich plötzlich das tiefe Bedürfnis verspürte, ihm die Füße zu waschen. Wie von unsichtbarer

Hand geführt, fing ich an seine Füße zu waschen; und während ich dies tat, wurde ich mit Liebe überschüttet. Ja ich empfand eine Liebe für meinen Papa, die ich nie zuvor gespürt hatte."

Während sie ihm die Füße wusch, sprach sie ihm ihre Liebe aus und beide durften eine himmlische Versöhnung an diesem Krankenbett erfahren. Ich glaube, das Füßewaschen hat eine viel tiefere Bedeutung, als ich mir je vorstellen kann.

Die Geschichte der Frau berührte mich tief und beschäftigte mich sehr intensiv auf meiner Heimfahrt. Es war Nacht, der Tag war lang gewesen, die Gespräche gingen mir durch den Kopf und beschäftigten mein Herz. Zwischenzeitlich war meine Kollegin auf dem Beifahrersitz eingeschlafen und ich hing meinen Gedanken nach. Auf einmal wurde mein Herz auf eine besondere Weise stark berührt. Ich dachte an meinen Papa, an unsere Versöhnung, daran, was für eine kostbare Zeit wir noch gemeinsam hatten erleben dürfen; aber ich dachte auch daran, dass ich ihm nie die Füße gewaschen hatte. In dieser Nacht vergoss ich, ganz unbemerkt von der Welt und von meiner schlafenden Beifahrerin, viele Tränen, weil ich es verpasst hatte, die Füße meines Papas liebevoll in eine Schüssel zu tauchen, sie mit Wasser zu erfrischen. Ich wollte die Füße pflegen, die einst nach mir getreten hatten. Trotzdem fand ich in dieser Nacht meinen Frieden über die Liebestat, die ich nie vollbracht hatte, weil meine Dankbarkeit wegen unserer Versöhnung größer war als die Traurigkeit über das Versäumte. Denn für alles Versäumte, für jede Tat, die wir nicht vollbracht haben, ist Jesus am Kreuz gestorben – er hat vollendet, was wir versäumt haben, und er starb auch für alles, was wir nie getan haben.

Es ist vollbracht (Johannes 19,30).

8 – Die vorgezogene Trauerrede

Wir waren zu viert zu einem Filmprojekt im Süden Deutschlands unterwegs: meine Kollegin, ein Trainer aus unserem Team und eine weitere Trainerin, die schon seit vielen Jahren unser Team unterstützt. Wir hatten noch etwas Zeit und beschlossen eine kleine Mahlzeit in einem Schnell-Restaurant einzunehmen. Da das Wetter sehr angenehm war, setzten wir uns nach draußen.

Die Trainerin, die uns damals begleitete, gab mir die Genehmigung, diese Geschichte mit dir und dem Rest der Welt zu teilen. Ich nenne sie hier Petra.

Petra war eine tolle Frau mit einem großen Herzen. Sie war Lehrerin und stand kurz vor ihrer Pensionierung. Längere Zeit zuvor hatte sie mir berichtet, dass sie einen Konflikt mit ihrer Chefin hatte; den genauen Grund weiß ich nicht mehr, und ich glaube, die beiden wussten das auch nicht mehr.

Also wir an diesem Sonntagnachmittag gemeinsam aßen, hatte ich den Impuls zu fragen, wie es ihr gehe. Wenn ich dies einen Menschen frage, meine ich das nicht einfach oberflächlich. Und als ich Petra jetzt nach ihrem Befinden fragte, merkte ich, dass ich einen wunden Punkt getroffen hatte. Sie wurde traurig und meinte, dass es ihr im Blick auf ihre Chefin gar nicht gut gehe.

Sie liebte ihren Beruf, aber diese Meinungsverschiedenheit, die sie mit ihrer Chefin gehabt hatte, hatte dazu geführt, dass sie ihren Dienst nicht mehr so frei wie zuvor ausüben konnte. Oft hatte sie ein komisches Gefühl und ging ungern in die Schule. Unsere anderen beiden Begleiter merkten, dass das Gespräch in die Tiefe führte und gingen ein wenig spazieren.

Ich merkte, dass Petra sehr unter dieser Situation litt. Da kam mir ein spontaner Impuls.

„Petra, ich habe einen Impuls, darf ich dir den mitteilen und dich dann zu deinen Gefühlen befragen?"

„Klar!", antwortete sie.

Ich fuhr fort: „Stell dir vor, du kommst morgen in die Schule und stellst fest, dass dort eine seltsame Stimmung herrscht. Auf dem Pausenhof und in den Fluren der Schule stehen traurige Schüler. Du betrittst das Lehrerzimmer und findest einige Kollegen weinend und traurig vor. Dann teilt man dir mit, dass eure Chefin plötzlich und unerwartet verstorben ist. Was würde das mit dir machen, Petra?"

„Das wäre schrecklich", flüsterte sie traurig.

Ich führte meinen Impuls weiter aus: „Petra, das Kollegium bittet dich an diesem Morgen, ob du im Namen der Schule die Trauerrede halten würdest, weil du die dienstälteste Lehrerin an der Schule bist. Falls du dieser Bitte nachkommen würdest, was könnten deine Worte sein, Petra?"

Petra begann zu weinen und flüsterte mir leise zu: „Ach, Michael, das löst bei mir eben kaum zu beschreibende Gefühle aus. Ich denke aber, ich würde in etwa Folgendes sagen: ‚Liebe Trauergemeinde, heute nehmen wir Abschied von unser wertgeschätzten Kollegin. Ich persönlich durfte so viel von ihr lernen und hätte so gerne viel mehr Zeit mit ihr verbracht und auch so manches noch geklärt. Ich bin dankbar für jede Begegnung mit ihr. Ich werde sie sehr vermissen; sie war eine wunderbare Frau."

„Das würdest du sagen?", hakte ich nach.

„Klar!", antwortete sie entschlossen.

„Petra, ich habe eine Bitte an dich: Morgen, zu Wochenbeginn, geh doch direkt ins Büro deiner Chefin und halte dort die Trauerrede."

„*Was* soll ich tun?", fragte sie erstaunt nach.

„Die Trauerrede persönlich zu ihr bringen. All das Gute, das du in deinem Herzen für sie aufbewahrt hast, sag es ihr zu Lebzeiten. Wenn sie eines Tages nicht mehr da ist, dann ist es zu spät. Was du zu sagen hast, ist für die betroffene Person in einem persönlichen Gespräch viel kostbarer als in einem verspäteten Nachruf."

Petra weinte und wir nahmen uns in die Arme. Mit diesem Samen, der in ihr Herz gelegt worden war, zogen wir weiter zu unserem Projekt mit den Jugendlichen. Wir hatten eine ganz besondere Zeit an diesem Tag, die Jugendlichen und wir vier.

Am nächsten Vormittag bekam ich eine himmlische Nachricht von Petra, direkt auf mein Handy.

Hier mein kleines Gedächtnisprotokoll von dieser WhatsApp:

Lieber Michael, ich komme gerade aus dem Büro meiner Chefin. Habe soeben die vorgezogene „Trauerrede" dort gehalten. Meine Chefin saß sprachlos hinter ihrem Schreibtisch und flüsterte: „Die Woche beginnt mit einem Wunder." Dann stand sie auf und wir beide lagen uns weinend in den Armen und versprachen uns gegenseitig einen Neuanfang.

Die Woche begann damals für die beiden mit einem Wunder. Wo könntest du heute noch eine vorgezogene Trauerrede halten?

Welch eine mutige Tat von Petra. Wie schwer wohl ihre Beine an diesem Tag waren? Wie groß der Druck in der Magengrube, der Kloß in ihrem Hals wohl war? Wie schwer die Nacht vor der „Trauerrede"?

Doch sie ging es an und wurde überreichlich belohnt, nicht nur sie allein, sondern ihre Chefin gleich mit. Genau betrachtet profitierten alle davon – die jeweiligen Familien, die Kollegen und sogar du, der du das jetzt liest.

Du sehnst dich auch nach einem Wunder? Gehe und halte so viele „vorgezogene Trauerreden" wie möglich. Hab keine Angst; was wir aus Liebe tun, hinterlässt ewige, gute Spuren. Du bist nicht allein auf diesem Weg.

Ich sage dir: Sei stark und mutig! Hab keine Angst und verzweifle nicht. Denn ich, der Herr, dein Gott, bin bei dir, wohin du auch gehst (Josua 1,9 NLB).

9 – Der Notruf

Seit einigen Momenten sitze ich nun vor meiner Tastatur und überlege, wie ich dieses Kapitel angehen soll. Ich kam zu dem Entschluss, dir genau diese Unsicherheit zu schildern. Es geht um ein Ereignis, an dem ich noch schwer zu kauen habe. Doch glaube ich, dass gerade diese Geschichten, die mitten aus unserem Herzen kommen, andere Herzen berühren können. So wage ich es nun und versuche dir etwas zu schildern, wofür es schwer ist, die richtigen Worte zu finden.

Es gab einen Knall. Panik, Geschrei ... ich wusste sofort, dass etwas passiert war. Ich rannte zum Unfallort. Irgendwie schaltete mein Gehirn total aus, und doch rasten abertausend Gedanken gleichzeitig durch meinen Kopf. *Es ist etwas Schlimmes, etwas sehr Schlimmes passiert* ... Ich wusste es, ich spürte es. Jeder Meter, den ich rannte, schien mir eine Ewigkeit.

Noch wenige Meter, dann war ich da. Entsetzen ... Chaos ... Blut ... Ein geliebter Mensch hatte einen Unfall. Ein geliebter Mensch lag blutüberströmt vor mir. Ich schrie: „Schnell, schnell einen Notarzt!"

Sanft hob ich den Kopf der Person nach oben. Kaum ein Lebenszeichen. Die Augen schienen ins Leere zu schauen, und dazu überall das viele Blut. Ich funktionierte irgendwie. Immer und immer wieder schrie ich: „Bitte, wach auf!" Wie hilflos wir beide doch waren, das Opfer und ich. Wie zerbrechlich doch unser Leben ist! Von einer auf die andere Sekunde ist nichts mehr, wie es einmal war. Zu oft musste ich dies Erkenntnis auf bittere Art und Weise erfahren: bei dem Unfall meiner Familie 2012, bei meinem Herzinfarkt 2018 und bei so manchen Todesnachrichten, die mich erreichten. Und nun an diesem Unfallort.

Jede Sekunde schien wie eine Ewigkeit. Wann würde der Rettungsdienst eintreffen? Würde es noch reichen? Ich beförderte die Person liebevoll in die stabile Seitenlage. Ich nahm etwas Weiches und legte es unter ihren Kopf. Eine Hebamme hatte mir einst gesagt, den jungen Müttern gebe sie stets folgenden Rat mit: warm, weich und sicher. Ja, die Babys brauchen es warm, weich und sicher. Und so erlebte ich es auch bei vielen Sterbenden, auch sie brauchen es warm, weich und sicher. Genauso war es damals an dieser Unfallstelle. Irgendwie schaute ich danach, dass es diese Person warm hatte, dass sie etwas Weiches unter ihrem Kopf hatte, und ich brachte sie in Sicherheit.

Ich streichelte immer und immer wieder die Wange der Person, sprach ihr meine Liebe aus. Tausend Gedanken beschäftigten mich. Habe ich diesen Menschen genügend geehrt? Habe ich dieser Person genug Gutes getan? Was und wie viel ist eigentlich genug?

Ich hatte keine Ahnung, wie es um diese Person stand. Sie war bewusstlos, irgendwie leblos. Und das viele Blut an ihr und an mir, es war einfach schrecklich!

Wer konnte uns beiden helfen? Der Notarzt war noch nicht da. Zu wem konnte ich in diesen bangen Momenten rufen? Woher könnte ich Zuversicht, Hoffnung und Kraft bekommen?

Horoskope? Universelle Energie? Von einem höheren Wesen? Von einem Gott, der irgendwo weit oben und ganz weit weg thront? Nein, an all das kann und will ich nicht glauben. Es gibt nur einen, der uns ganz, ganz nah kommen möchte. Der sich selbst „Ich bin für dich da“ nennt. Es gibt nur einen, der von sich behauptet: „Ich bin dein Arzt.“

> *In ihm allein gibt es Erlösung! Im ganzen Himmel gibt es keinen anderen Namen, den die Menschen anrufen können, um errettet zu werden* (Apostelgeschichte 4,12 NLB).

So schrie ich nach diesem einen Gott, der einst zu uns kam. Diesem einen, der sein Leben gab, damit wir leben. Dieser eine, der alle Kranken heilte, die man zu ihm brachte. Dieser eine Gott, der die Liebe in Person ist: Sein Name ist Jesus.

Ich schrie nach Jesus: „Jesus, bitte hilf uns! Lass es so nicht enden! Ich flehe dich an, bitte hilf uns!" Immer und immer wieder schrie ich nach Jesus. Kurze Augenblicke später öffnete das Unfallopfer die Augen. Orientierungslos und unter Schock begann sie umherzuschauen und murmelte irgendetwas. „Hab keine Angst!", flüsterte ich der Person zu. „Alles wird gut, du wirst wieder gesund werden. Jesus wird uns helfen. Ich hab dich lieb."

Kurz darauf traf der Rettungsdienst ein. Ich war mit den Kräften am Ende. Nun waren die Profis da. Die Notversorgung dauerte auch eine kleine Ewigkeit. Danach kam das Unfallopfer in die Klinik. Ich ging nach Hause und kniete mich auf den Boden meines Esszimmers; ich stand unter Schock und betete. Die Bilder des Unfallorts ließen mich nicht mehr los. Ich konnte kaum noch schlafen. Immer und immer wieder sah ich dieses viele Blut und hörte diesen Knall.

Doch das Wichtigste: Das Unfallopfer überlebte und wurde wieder gesund. Es brauchte viel Zeit, Geduld und vor allem Liebe.

Gut, dass Menschen zum richtigen Zeitpunkt am richtigen Ort waren. Gut, dass wir einen Notruf absenden konnten und dass die Hilfe rechtzeitig eintraf. Jeden Tag verbrachte ich eine Weile auf meinen Knien und betete. Kaum ein Tag vergeht nun, an dem ich dieser Person nicht meine Liebe ausspreche.

Es gibt kein Zuviel an Lob. Es gibt kein Zuviel an guten Taten. Es gibt kein Zuviel an Liebe, aber vielleicht eines Tages die Erkenntnis, dass es zu wenig war. Und diese Erkenntnis kommt nicht selten zu spät.

Während ich an diesem Kapitel arbeite und von Emotionen gesteuert die Worte in meinen Laptop tippe, höre ich mir ein Lied von Herbert Grönemeyer an, welches er nach dem Tod seiner Frau geschrieben hat:

Der Weg

Ich kann nicht mehr seh'n
Trau' nicht mehr meinen Augen
Kann kaum noch glauben
Gefühle haben sich gedreht
Ich bin viel zu träge
Um aufzugeben
Es wär' auch zu früh
Weil immer was geht

Wir waren verschwor'n
Wär'n füreinander gestorben
Haben den Regen gebogen
Uns Vertrauen gelieh'n
Wir haben versucht
Auf der Schussfahrt zu wenden
Nichts war zu spät
Aber vieles zu früh

Wir haben uns geschoben
Durch alle Gezeiten
Haben uns verzettelt
Uns verzweifelt geliebt
Wir haben die Wahrheit
So gut es ging verlogen
Es war ein Stück vom Himmel
Dass es dich gibt

Du hast jeden Raum
Mit Sonne geflutet
Hast jeden Verdruss
Ins Gegenteil verkehrt
Nordisch nobel
Deine sanftmütige Güte
Dein unbändiger Stolz
Das Leben ist nicht fair

Den Film getanzt
In einem silbernen Raum

Vom goldenen Balkon
Die Unendlichkeit bestaunt
Heillos versunken, trunken
Und alles war erlaubt
Zusammen im Zeitraffer
Mittsommernachtstraum

Du hast jeden Raum
Mit Sonne geflutet
Hast jeden Verdruss
Ins Gegenteil verkehrt
Nordisch nobel
Deine sanftmütige Güte
Dein unbändiger Stolz
Das Leben ist nicht fair

Dein sicherer Gang
Deine wahren Gedichte
Deine heitere Würde
Dein unerschütterliches Geschick
Du hast der Fügung
Deine Stirn geboten
Hast ihn nie verraten
Deinen Plan vom Glück
Deinen Plan vom Glück

Ich gehe nicht weg
Hab' meine Frist verlängert
Neue Zeitreise
Offene Welt
Habe dich sicher
In meiner Seele
Ich trag' dich bei mir
Bis der Vorhang fällt
Ich trag' dich bei mir
Bis der Vorhang fällt.[1]

---

[1] https://www.songtexte.com/songtext/herbert-gronemeyer/der-weg-4bdcf756.html

Schon immer hat mich dieses Lied, der Text und die Melodie, tief berührt. Grönemeyer besingt, dass immer etwas geht und dass nichts zu spät war.

Wofür könnte es heute in deinem Leben nicht zu spät sein? Was könnte heute noch gehen? Welche Wange könntest du heute noch zärtlich streicheln? Welchem Menschen könntest du heute noch deine Liebe aussprechen? Wem könntest du heute noch sagen, dass er ein Stück vom Himmel ist?

Ich selbst will lernen und mir dennoch zugestehen, dass ich nur ein Mensch bin, und dass wir hier auf Erden sehr begrenzt sind. Hier und da können wir ein Stück des Himmels erleben und es anderen schenken. Die Vollkommenheit allerdings werden wir nur bei Gott direkt erleben.

Der Apostel Paulus spricht von Stückwerk und beschreibt dies im Hohelied der Liebe so wunderbar:

Wenn ich die Sprachen aller Menschen spreche und sogar die Sprache der Engel, aber ich habe keine Liebe – dann bin ich doch nur ein dröhnender Gong oder eine lärmende Trommel.
Wenn ich prophetische Eingebungen habe und alle himmlischen Geheimnisse weiß und alle Erkenntnis besitze, wenn ich einen so starken Glauben habe, dass ich Berge versetzen kann, aber ich habe keine Liebe – dann bin ich nichts.
Und wenn ich all meinen Besitz verteile und den Tod in den Flammen auf mich nehme, aber ich habe keine Liebe – dann nützt es mir nichts.
Die Liebe ist geduldig und gütig. Die Liebe eifert nicht für den eigenen Standpunkt, sie prahlt nicht und spielt sich nicht auf.
Die Liebe nimmt sich keine Freiheiten heraus, sie sucht nicht den eigenen Vorteil. Sie lässt sich nicht zum Zorn reizen und trägt das Böse nicht nach.
Sie ist nicht schadenfroh, wenn anderen Unrecht geschieht, sondern freut sich mit, wenn jemand das Rechte tut.
Die Liebe gibt nie jemand auf, in jeder Lage vertraut und hofft sie für andere; alles erträgt sie mit großer Geduld.

Niemals wird die Liebe vergehen. Prophetische Eingebungen hören einmal auf, das Reden in Sprachen des Geistes verstummt, auch die Erkenntnis wird ein Ende nehmen.
Denn unser Erkennen ist Stückwerk, und unser prophetisches Reden ist Stückwerk.
Wenn sich die ganze Wahrheit enthüllen wird, ist es mit dem Stückwerk vorbei.
Einst, als ich noch ein Kind war, da redete ich wie ein Kind, ich fühlte und dachte wie ein Kind. Als ich dann aber erwachsen war, habe ich die kindlichen Vorstellungen abgelegt.
Jetzt sehen wir nur ein unklares Bild wie in einem trüben Spiegel; dann aber schauen wir Gott von Angesicht. Jetzt kennen wir Gott nur unvollkommen; dann aber werden wir Gott völlig kennen, so wie er uns jetzt schon kennt.
Auch wenn alles einmal aufhört – Glaube, Hoffnung und Liebe nicht. Diese drei werden immer bleiben; doch am höchsten steht die Liebe.
(1. Korinther 13)

Nun habe ich es mit Gottes Hilfe doch geschafft, dieses Kapitel irgendwie zu formulieren. Was bleibt noch zu erwähnen? Ich wünsche dir, dass du in Krisenzeiten zu Gott rufen kannst. Er ist der Ort, an dem du einfach so sein darfst, wie du bist, wie es dir gerade geht. Er kennt dich und liebt dich. Du musst und kannst ihm nichts vormachen. Weil er dich kennt, liebt er dich so, wie du bist.

Setze alle Notrufe deines Lebens bei ihm ab, denn er selbst bittet dich darum:

Rufe mich an in deiner Not, so will ich dich hören und dich retten und du sollst mich lobpreisen (Psalm 50,15).

Wie gut, dass ich darauf gehört habe. An diesem schrecklichen Tag sorgte er dafür, dass ich zum richtigen Zeitpunkt am richtigen Ort war. Es wurde nicht nur der Rettungsdienst angerufen, sondern Gott selbst. Er hörte mein Rufen, erhörte mein Gebet und schenkte Rettung. Und nun lobpreise ich ihn, jetzt gerade in diesem Augenblick, in dem ich schreibe und während du dies liest.

10 – Der Pokal

Mein Papa kam wieder einmal sehr spät aus der Kneipe. Oft war diese Heimkehr mit großem Chaos verbunden. Doch in dieser Nacht war alles anders: Er kam zwar betrunken, aber mit einer sehr guten Nachricht nach Hause. Im Vereinsheim war er mit dem neuen Trainer einer Jugendmannschaft unseres Dorfes ins Gespräch gekommen. Beide hatten vereinbart, dass ich am nächsten Training teilnehmen durfte.

Ich war überglücklich. Endlich durfte ich ganz offiziell Fußball spielen, nicht nur auf den Straßen oder auf irgendwelchen Plätzen, sondern in einem echten Fußballverein. Ich war hochmotiviert und mächtig aufgeregt. So begann ich 1979 meine „Fußballerkarriere". Unser Verein war noch nicht offiziell in einer Klasse gemeldet, es standen aber zumindest schon mal Freundschaftsspiele an.

Wann würde wohl mein erster Einsatz sein? Wer spielen durfte oder nicht, das entschied unser Trainer immer erst einen Tag vorher. Die Spielaufstellung gab er dann im örtlichen Vereinsaushangkasten bekannt, den wir liebevoll „Käschdle" nannten. Wann würde wohl mein Name im Käschdle stehen?

So oft wurde ich in meinem kleinen Leben beleidigt und beschämt. Die Laune meines Vaters hing häufig davon ab, ob mein Name in der Spielaufstellung stand oder nicht. Jedes Mal hatte ich unbeschreibliche Ängste. Wie konnte ich meinem Vater mitteilen, dass ich nicht spielen durfte, dass der Trainer mich nicht brauchen konnte? Jedes Mal, wenn ich meinem Vater sagte, mein Name würde nicht auf der Mannschaftsaufstellung stehen, beleidigte er mich und ich bekam seine Wut und seine Ablehnung auf verschiedene Weisen zu spüren. Es gab keine Worte des Trostes, der Ermutigung, nichts.

Ich musste etwa einen Kilometer bis zum Käschdle laufen. Diese Strecke verbrachte ich oft mit Bangen und Gebet. Noch wenige Meter bis zum Käschdle. Stand heute mein Name auf dem weißen Zettel? Jedes Mal diese bange Frage. Bei den ersten Spielen stand mein Name nie darauf. So war auch der Rückweg nach Hause mit Angst und Gebeten versehen. Oft wurde ich als Versager beschimpft, der zu nichts taugt, den niemand brauchen kann und den niemand haben wollte. Aber Jesus ging mit mir diesen Weg. Er nahm meine Angst auf sich und weinte wohl auch mit mir.

Dann kam er, der große Tag. Mein Name stand als Nummer 12 im Käschdle. Ich hatte es geschafft. Zunächst war ich zwar nur Auswechselspieler, aber das spielte jetzt erstmal keine große Rolle. Mein Name stand im Käschdle, und nur das zählte. Freudestrahlend rannte ich nach Hause. Mein Papa freute sich mit mir. Jetzt hatte ich ein Stück Anerkennung von ihm gewonnen.

Unsere ersten Spiele verloren wir oft zweistellig. Aber egal, wir gaben unser Bestes. Als Trainer für Selbstverteidigung erlebe ich immer öfter, dass Klein und Groß nur noch sehr schwer oder gar nicht mehr verlieren können. Vielleicht denken sie, wenn sie gewinnen, dass es sie wertvoll macht. Der Umkehrschluss wäre aber dann, dass sie bei jeder Niederlage an Wert verlieren. Egal, ob wir gewinnen oder verlieren, wir sind wertvoll. Du bist wertvoll!

Gib dein Bestes, mehr geht nicht. Du darfst verlieren, das ist völlig in Ordnung. Auch in der Schule oder am Arbeitsplatz, gib dein Bestes, mehr geht ja nicht.

Langsam wurde ich zum Stammspieler. Woche für Woche freute ich mich. Wir hatten sogar einen Mannschaftsbus, einen blauen 9-Sitzer Ford Transit. Zu Rekordzeiten fuhren 17 Mann mit diesem Bus. Große Sicherheitsbestimmungen kannten wir nicht. Ich denke, selbst bei einer Vollbremsung wäre nicht viel passiert, da wir alle so in den Bus gepresst waren. Näherte sich ein Polizeiauto, dann rief der Fahrer: „Ducken!“ Selbst dies war nicht so einfach bei so vielen Leuten. Wir wurden jedoch nie mit dem vollbeladenen Bus erwischt. Ich weiß natürlich, dass dies fahrlässig war. Aber es war eine andere Zeit. Vielleicht verstehst du mich ja ein wenig. Ich liebte die Fahrten mit unserer Mannschaft in unserem wunderbaren blauen Bus. Jede Fahrt war wie ein Abenteuer, ich möchte keine je missen.

Unsere ersten Spiele verloren wir haushoch. Dann kam der große Tag. Wir spielten gegen Waldhausen – ein für uns übermächtiger Gegner. Doch wir schafften das Unfassbare: Wir gewannen 3:1. Unser Kapitän schoss alle drei Tore. Als der Schlusspfiff ertönte, rannte unser Trainer zu jedem Einzelnen in der Mannschaft und schrie über das ganze Spielfeld hinweg: „Ihr könnt es doch!"

Der Knoten war geplatzt. 1985 wurden wir sogar Meister. Bei einer Feier wurde ich zum besten Spieler der Saison gewählt und ein Pokal wurde mir überreicht. Er steht jetzt etwa 80 cm von meinem Laptop entfernt. Ich wurde geehrt. Nicht verletzt, beschämt, ausgelacht, getreten oder geschlagen. Nein, diesmal wurde ich geehrt.

Im ersten Petrusbrief fordert uns Gott auf: *„Ehre jeden Menschen!"* 37 Jahre später freue ich mich noch immer über diese Ehre, über diesen Pokal.

Von den Spielern, die auf unserem Mannschaftsfoto von 1979 zu sehen sind, sind zwei schon verstorben. Jürgen und Manni sind nicht mehr unter uns. Als Jürgen plötzlich verstarb, erinnerte ich mich daran, dass er mein Vorbild im Verein gewesen war. Er war immer fair zu mir gewesen. Außerdem war er ein super Fußballer. Als ich auf der Beerdigung war, fragte ich mich selbst, warum ich es ihm nie gesagt hatte, dass er mein Vorbild war. Warum nicht? Wohl deshalb, weil bei uns in Baden-Württemberg gilt: „Ned gschompfa isch globt gnuag" („Nicht getadelt ist genug gelobt").

Das sollte bedeuten, dass, wenn es nichts zu meckern gibt, es ja eigentlich schon ein Lob ist. Was für eine seltsame Logik und traurige Tradition.

Wenn man älter wird, kommt man zwangsläufig auf mehr und mehr Beerdigungen. Ich stellte fest, dass dort reichlich gelobt wird. Es ist also doch wichtig, das ausgesprochene Lob – leider oft erst, wenn es zu spät ist. Da ist sie wieder, die traurige Feststellung: Es gibt ein Zuspät.

Eben fällt mir ein altes Gedicht dazu ein:

Am Grabe streuen Menschen Blumen,
warum denn nur im Leben nicht?
Warum so wenig Liebe üben
und warten bis das Herze bricht?
Den Toten freuen keine Blumen,
er fühlt im Grabe keinen Schmerz.
Würde man im Leben Liebe üben,
schlüge länger manches Herz.[1]

Es ist so kostbar, zu ehren, solange es möglich ist. Zu ermutigen, aufzubauen, bevor es zu spät ist.

Ermutigt einander jeden Tag (Hebräer 3,13 NLB).

Ja, das möchte ich mit Gottes Hilfe tun. Ermutigen und nicht entmutigen. Ent-schämen und nicht be-schämen, wie es mein Freund Andi Weiss so liebevoll sagt.

Eines Tages hörte ich, dass mein erster Mannschaftskapitän sehr schwer erkrankt war. Manni rang mit dem Tode. Wie ich damals hörte, hatte er, der erste Torschützenkönig unseres Teams, nur noch kurze Zeit.

Wie könnte ich ihn am besten ehren? Was könnte ich ihm sagen? Wie könnte ich ihm am besten meine Wertschätzung vermitteln? Da dachte ich an den Pokal, den ich selbst einmal bekommen hatte und zu dem ich jetzt in diesem Augenblick hinschaue. Gerade wird er von der Sonne angestrahlt. Ein Leuchten geht deshalb von ihm aus. Vielleicht ist es so mit

[1] Verfasser unbekannt.

uns, dass wir in der Dunkelheit leuchten können, wenn Gottes Herrlichkeit uns anstrahlt. Durch Gottes Licht werden wir zum Licht in dieser Welt.

Aus einem Impuls heraus rief ich beim Juwelier an. Ich bat ihn, einen Pokal mit folgender Gravur anzufertigen:

„Manni"
Torschützenkönig 1979/1980

Ich bat ihn, diesen Pokal so schnell wie möglich fertigzumachen. Er musste fertig werden, bevor es zu spät war, denn es gibt auch ein Zuspät.

So kam der Augenblick, an dem ich mit dem Pokal zu „Manni" ging. Er konnte kaum sprechen. Ich werde nie das Leuchten in seinen Augen vergessen, seine Freude über diese Ehre, über diesen Pokal.

Ich konnte „Manni" noch ein paar Mal besuchen, ehe er dann zu dem ging, der ihn in alle Ewigkeit ehren wird.

Wenn wir uns hier auf Erden ehren, ist dies schon ein Stück vom Himmel. Deshalb ehren wir in unseren Projekten immer wieder Menschen mit kleinen Pokalen oder Medaillen, auf denen „Du bist wertvoll" steht. Jedes Mal, wenn jemand einen Pokal oder eine Medaille bekommt, schaue ich in die Gesichter der Menschen. Oft huscht ein Lächeln darüber. Aus manchen bricht pure Freude heraus. Nicht selten wird aus Freude sogar geweint.

Wen könntest du heute noch ehren? Wem könntest du heute noch ein Lächeln ins Gesicht zaubern? Wem könntest du heute noch persönlich, per Anruf oder auch mittels einer Nachricht sagen: „Du bist wertvoll"?

Das Schöne am Ehren ist, dass man sich selbst dabei beschenkt. Ich wünsche dir und mir, dass wir nie müde werden, Freude zu schenken und uns damit sogar selbst reichlich zu beschenken.

11 – Freddys Gebet

Der Papa einer lieben Bekannten von mir hatte Krebs im Endstadium. So sehr er auch kämpfte, es kam der Tag, an dem die Ärzte keine Hoffnung mehr für ihn hatten und er seine letzte Zeit im Kreise seiner Lieben verbrachte. Meine Bekannte erzählte mir, dass ihr Vater im Internet einen Vortrag von mir gehört und wohl auch eines meiner Bücher gelesen hatte. Sie wünschte sich so sehr, dass ihr Papa, Freddy, und ich uns irgendwie begegnen würden. Die Corona-Pandemie und ihre Verordnungen ließen dies aber leider nicht zu, doch fanden wir eine andere Möglichkeit: Wir verabredeten uns zu einem Zoom-Meeting.

Wenn ich einen Sterbenden besuche, tue ich dies stets mit sehr viel Ehrfurcht. Ich bitte Gott um seine Unterstützung, mir das richtige Gefühl zu geben, zuzuhören, wo es nötig ist, und die richtigen Worte zu finden. So auch vor dieser virtuellen Begegnung mit Freddy.

Ich war sehr aufgeregt, und Freddy auch, wie ich kurze Zeit später feststellen konnte. Was für ein lieber Mensch! Seine Tochter war zu Beginn noch kurz dabei, und dann hatten Freddy und ich eine sehr kostbare gemeinsame Zeit zusammen.

Er erzählte mir von seinem Leben, seiner Familie, seinem Beruf und seinen Hobbys, aber auch von seinem Leidensprozess und seiner Angst vor dem Sterben und dem Tod. Freddy erzählte mir von vielen Ängsten und von einem inneren Unfrieden. Er wünschte sich aus tiefstem Herzen, Frieden mit Gott zu haben und alles in seine Hände zu legen, und er fragte mich nach dem Wie. Im Prinzip hatte er damit bereits Gott gegenüber alles ausgesprochen, doch ich fragte ihn, ob er es in einem besonderen Gebet festmachen wolle.

Er war aufgeregt wie ein kleiner Junge, der eine Eisenbahn geschenkt bekommt, wie ein Durstiger, dem man eine Wasserflasche reicht, wie ein Hungriger, der zum Essen geladen wird ... Ach, ich könnte hier noch unzählige Beispiele nennen, vielleicht würde gar nichts dem gerecht werden, wie sehr sich Freddy danach sehnte, Frieden mit seinem Schöpfer zu schließen.

Ich sagte Freddy, ich würde nun ein Gebet sprechen, und wenn diese Worte seiner Überzeugung entsprächen, dann solle er sie mir nachsprechen. Irgendwie konnte er es kaum erwarten, so war zumindest mein Eindruck.

So fing ich an zu beten und Freddy wiederholte meine Worte. (Wenn auch du noch keinen Frieden mit Gott hast und dich wie Freddy danach sehnst, dann lies die nächsten Zeilen nicht nur still, sondern du darfst sie laut an deinen Gott richten, der dich kennt und der dich liebt und der sich so sehr nach dir sehnt. Oder finde deine eigenen Worte.)

Lieber Jesus,
leider ist mein Leben nicht so gelaufen,
wie du es für mich geplant hast.
Ich habe in vielen Dingen Glück und Anerkennung gesucht,
doch nirgendwo wurden meine wahren Sehnsüchte gestillt.
Ich habe gehört, dass du für meine Sünden bezahlt hast
und mich somit erlöst hast.
So lade ich dich jetzt in mein Herz ein.
Fülle es aus mit deiner ganzen Liebe
und liebe mein kleines Herz gesund.
Danke, dass du dein Blut für mich vergossen hast
und mich dadurch wahrhaft frei gemacht hast.
Danke, dass du aus Liebe all das für mich getan hast.
Ich bekenne von nun an, dass du mein Gott, mein Herr,
mein Erlöser und Freund bist.
Ich bitte dich, bleibe bei mir alle Tage meines Lebens!
Amen!

Am Ende unseres gemeinsamen Gebetes weinten wir zusammen, jeder für sich vor seinem Bildschirm und doch gemeinsam.

Als wir uns verabschiedeten, wussten wir, dass dies unsere einzige Begegnung hier in diesem Leben sein würde. Es wird aber der Tag kommen, an dem wir uns persönlich sehen werden, an einem Ort, an dem es kein Zoom-Meeting braucht, wo es keine Krankheiten und Krankenhäuser, keine Polizei oder Friedhöfe und auch keine Viren gibt. An diesem Ort werden wir uns wiedersehen.

> *Was kein Auge hat je gesehen, kein Ohr je gehört und kein Verstand je erdacht, was Gott für diejenigen bereithält, die ihn lieben* (1. Korinther 2,9 NLB).

Freddy hatte die kurze Zeit, die ihm noch geblieben war, genutzt, um Frieden mit Gott zu machen. Ein paar Tage später ging er friedlich im Kreise seiner Lieben zu Jesus.

12 – Das Glöcklein

Eben, als ich in der Sonne auf meiner Terrasse lag, hörte ich in der Ferne eine kleine Glocke; sie erinnerte mich an unser „Glöcklein“ auf dem Friedhof in meiner Heimat. Diese Erinnerung löste viele Gedanken in meinem Kopf aus, der vorher noch mit ganz anderen Dingen beschäftigt war. Ich spürte, wie mein Herz mich dazu aufforderte, diese Gedanken aufzuschreiben; mein Verstand argumentierte dagegen, wie gut doch diese Zeit in der Sonne sei. So lieferten sich mein Herz und mein Verstand ein kleines Duell, welches nun aber mein Herz gewonnen hat.

Wie oft hörte ich es schon, das „Totenglöcklein“. Es rief dazu auf, dass alle noch ein letztes Mal zusammenkommen, vielleicht um öffentlich zu ehren, zu loben, gemeinsam zu trauern und eventuell sogar, um Hoffnung zu erhalten oder darin bestärkt zu werden.

Jedes Mal, wenn ich es hörte und ich mich dem Friedhof näherte, fühlte ich mich unwohl, hatte einen Druck im Magen, die Schritte waren schwer und ich versicherte mich, dass ich das Handy nicht dabeihatte oder es zumindest auf lautlos gestellt war. (Ja, da sind wir darauf bedacht, dass das Handy nicht stört und uns nicht ablenkt von dem, was wirklich zählt. Doch im Leben miteinander achten wir zunehmend weniger darauf.)

Oft schweifen bei einer solchen Beerdigung meine Blicke über den Friedhof und ich betrachte mir die Kränze mit den Schleifen. Hier werden den letzten Sehnsüchten „Worte“ verliehen. „Ruhe in Frieden“ – brauchen wir dafür den Tod, um Ruhe und Frieden zu finden? Oder ist das vielleicht auch in unseren Familien, in der Nachbarschaft, am Arbeitsplatz oder in der Freizeit möglich? Ich wünschte, ich wäre selbst viel mehr die Quelle für Ruhe und Frieden für meinen Nächsten.

Auch die Worte „In Dankbarkeit“ fallen mir nicht selten ins Auge. Wie oft sehen wir all das, was nicht gut ist, das, was wir nicht haben. Und dann steht auf diesen Schleifen noch oft der Satz aller Sätze: „In Liebe, dein(e) …“ Am Ende geht es immer um Liebe. Wir sehnen uns alle so sehr danach.

Ruhe und Frieden schenken, *dankbar* sein und *Liebe* aussprechen, nicht erst dann, wenn das Totenglöcklein erklingt, wenn es zu spät ist, denn das Totenglöcklein ruft zum Abschied, um ein letztes Mal zusammenzukommen.

Vor einigen Jahren begegnete mir eine alte Dame in meiner Stadt. Wir unterhielten uns, und sie erzählte mir unter Tränen, dass sie viele erwachsene Kinder habe, aber bis auf eines keines mehr Zeit für sie aufbringe. In meinem Herzen wusste ich, dass, wenn das Glöcklein eines Tages läutet, alle ihre Kinder Zeit haben würden. Vielleicht werden sie ihre innersten Wünsche und Sehnsüchte auf Schleifen an den Kränzen „verewigen“, welche wenige Tage später der Witterung und der Zeit zum Opfer fallen. Alle werden an diesem Tag Zeit haben – wenn es zu spät ist.

Das Totenglöcklein erinnert mich immer wieder an die Dinge, die ich versäumt habe, an mein Zuspätkommen und auch an die Zerbrechlichkeit und das Versagen in meinem Leben. Ein letztes Mal ruft es zum Gebet. Dort wird nicht in den Karten und in den Sternen gelesen, dort fragt man nicht nach irgendeinem höheren Wesen, dort ruft unser Herz nach dem DU, der da ist, der uns Hoffnung gibt über den Tod hinaus. Dort ruft man nach dem Einen, der nahe sein will, bei dem keine Träne vergebens ist, der uns Ruhe und Frieden schenken möchte, den die Welt nicht geben kann, und der uns vollkommen liebt.

Vielleicht hängen wir deshalb so oft am Handy, weil wir in Verbindung sein möchten und Sehnsucht nach Kommunikation haben. Möge das Totenglöcklein uns an diese Sehnsucht erinnern, ja, vielleicht sogar liebevoll ermahnen, heute noch Zeit für die Lebenden zu haben, ihnen heute noch zu danken und heute noch Liebe zu zeigen, sie Liebe fühlen und hören zu lassen.

Mich persönlich erinnert das Totenglöcklein an meine Zerbrechlichkeit, an meine Endlichkeit; umso mehr fühle ich mich geborgen in der Liebe Jesu Christi, der aus Liebe zu uns kam, damit wir nie allein sind, damit sich unsere Hoffnung nicht an haltlose Dinge klammert, sondern an den, der uns hält, wenn uns nichts mehr hält, der da ist, wenn alle gegangen sind, der uns Hoffnung und Leben schenkt über das Läuten des Totenglöckleins hinaus, bis in alle Ewigkeit.

Das Glöcklein – das durch sein Läuten mein Herz zum Schreiben ermutigte.

13 – Der Beckenrand

Jeden Mittwoch gingen wir mit der Schule schwimmen. Ich war damals in der Grundschule und ich hasste den Schwimmunterricht. Ich hatte eine schier unendliche Angst vor jedem Besuch in unserem städtischen Schwimmbad. Schwimmen war nicht mein Ding; ich konnte es einfach nicht.

Ich erinnere mich noch vage an die ersten Male im Becken. Damals brauchte man noch eine Bademütze. Ich hatte keine. Doch zum Glück – oder auch zu meinem Unglück – konnte mir Tante Elfriede aushelfen. Ich trug die ersten Male tatsächlich die Bademütze von „Dodo“, eine weiße Gummihaube mit weiß aufgedrucktem Blumenmuster. Dazu bekam ich noch eine Badehose zum Glück nicht von Dodo, sondern von Onkel Heinz. Es muss ein fantastisches Bild gewesen sein, 1978, der kleine Miggi mit der braunen Badehose, hochgezogen fast bis zu den Brustwarzen, und dazu Dodos Badehaube. Oh, was wurde ich ausgelacht … Doch irgendwie spürte ich, dass Jesus an meiner Seite war und mit mir fühlte.

Oft war jeder Schultag eine Tortur. Ich wurde ausgelacht, gedemütigt und habe mich für so vieles geschämt, für meine Unfähigkeit, meine Badeklamotten und letztendlich für mich selbst.

Während die anderen Jungs ihre Kunststücke zeigten, stand ich relativ einsam im Nichtschwimmerbecken und tat so, als würde mir die Situation nichts ausmachen, doch jeden Mittwoch starb ich innerlich ein bisschen mehr als an den sonstigen Tagen, so zumindest mein damaliges Empfinden. Als Kind mochte ich diesen Wochentag nie. (Es war auch ein Mittwoch, als meine wunderbare Oma starb, und ebenfalls, als ich meinen Herzinfarkt hatte.)

So stand ich also Mittwoch für Mittwoch alleine im Nichtschwimmerbecken und wartete, bis sich mein Lehrer mir widmete. Ich hatte denselben Lehrer wie einst mein Papa. Wie auch mein Papa wurde ich von diesem Lehrer immer wieder einmal verprügelt. Mein wiedergefundener Cousin hatte ihn ebenfalls als Lehrer, und auch er hatte Schläge von ihm bezogen – es war fast schon eine traurige Familientradition.

Während sich die ganze Klasse im Wasser vergnügte, quälte ich mich am rechten Beckenrand in der Schwimmerzone entlang. Mein Lehrer hatte einen langen blauen Stock in der Hand, den er ins Wasser hielt und an ich mich festhielt, während ich durchs Wasser strampelte. Ich kämpfte um mein Überleben, um meinen letzten Funken an Würde. Es muss ein jämmerliches Bild gewesen sein. Während ich mich krampfhaft an den Rettungsstock klammerte und mein Lehrer mich nicht selten angiftete, grölte die Menge meiner sogenannten Schulkameraden.

Mein Ziel war der Rand am Ende des Beckens; dort hatten die Qualen ein Ende, und dieser Beckenrand kam mir wie ein Stück Zuhause vor, wo ich unter Dodos Badehaube etwas zur Ruhe kommen konnte. Heute weiß ich, dass mein Heiland nicht nur das rettende Ufer für mich war, sondern dass er mich auch durch die „Fluten" unseres kleinen Hallenbades begleitete und mich bis zum Beckenrand brachte. Er wusste um meine Scham wegen der Badehaube, weil er selbst einst so eine unwürdige Kopfbedeckung hatte, als er die Himmelskrone gegen eine Dornenkrone eintauschte. Wir beide, Jesus und ich, wir verstanden uns und waren uns so nah. Wie tragisch, dass ich mich so oft in meinem Leben von ihm entfernte. Heute bitte ich ihn immer und immer wieder: „HERR, halte du mich!"

Mein Überlebenskampf bis zum Beckenrand erinnert mich irgendwie an Petrus. Ich bewundere diesen Kerl, er ist mir mit seinem ganzen Wesen so sympathisch. In der christlichen Szene stellen ihn einige als Feigling hin. Ich sehe das total anders. Umringt von Elitesoldaten zog er sein Schwert. In diesem Moment im Garten Gethsemane war er bereit zu sterben. Was sonst könnte man wohl erwarten, wenn einer von einer kleinen

Armee umzingelt ist und eine Waffe zieht? Die Antwort kann sich jeder selber geben.

Wie muss sich Petrus gefühlt haben nach alle dem, was dort geschehen war. Ich durfte in diesem wunderbaren Garten schon ein paarmal sein. Jedes Mal wurde dort mein Herz zutiefst berührt. Petrus verließ den Garten damals wohl völlig entmutigt – und begab sich an ein „Kohlenfeuer". Schauen wir einmal, was die Bibel über diese Momente am Kohlenfeuer berichtet:

Die Schar aber und ihr Oberst und die Knechte der Juden nahmen Jesus und banden ihn und führten ihn zuerst zu Hannas; der war der Schwiegervater des Kaiphas, der in jenem Jahr Hohepriester war. Kaiphas aber war es, der den Juden geraten hatte, es wäre gut, ein Mensch stürbe für das Volk. Simon Petrus aber folgte Jesus nach und ein anderer Jünger. Dieser Jünger war dem Hohepriester bekannt und ging mit Jesus hinein in den Palast des Hohepriesters.
Petrus aber stand draußen vor der Tür. Da kam der andere Jünger, der dem Hohepriester bekannt war, heraus und redete mit der Türhüterin und führte Petrus hinein. Da sprach die Magd, die Türhüterin, zu Petrus: Bist du nicht auch einer von den Jüngern dieses Menschen? Er sprach: Ich bin's nicht.
Es standen da aber die Knechte und Diener und hatten ein ***Kohlenfeuer*** *gemacht, denn es war kalt, und sie wärmten sich. Aber auch Petrus stand bei ihnen und wärmte sich.*
Der Hohepriester befragte nun Jesus über seine Jünger und über seine Lehre. Jesus antwortete ihm: Ich habe frei und offen vor aller Welt geredet. Ich habe allezeit gelehrt in der Synagoge und im Tempel, wo alle Juden zusammenkommen, und habe nichts im Verborgenen geredet. Was fragst du mich? Frage die, die gehört haben, was ich zu ihnen geredet habe. Siehe, sie wissen, was ich gesagt habe. Als er so redete, schlug einer von den Dienern, der dabeistand, Jesus ins Gesicht und sprach: Sollst du dem Hohepriester so antworten? Jesus antwortete ihm: Habe ich übel geredet, so beweise, dass es übel ist; habe ich aber recht geredet, was

schlägst du mich? Und Hannas sandte ihn gebunden zu dem Hohepriester Kaiphas.
Simon Petrus aber stand da und wärmte sich. Da sprachen sie zu ihm: Bist du nicht einer seiner Jünger? Er leugnete aber und sprach: Ich bin's nicht. Spricht einer von den Knechten des Hohepriesters, ein Verwandter dessen, dem Petrus das Ohr abgehauen hatte: Sah ich dich nicht im Garten bei ihm? Da leugnete Petrus abermals, und alsbald krähte der Hahn.
(Johannes 18,12-27, eig. Hervorhebung)

An einem Kohlenfeuer verleugnete Petrus seinen HERRN, seinen Freund. Er versuchte, sich an einem Kohlenfeuer zu wärmen, aber es spendete ihm sicherlich keine innere Wärme. Ich bin mir sicher, dass viele Menschen vergebens ein bisschen Wärme an so manchem falschen Kohlenfeuer in der Welt suchen, um später oder sogar zu spät festzustellen, dass sie sich selbst und den HERRN aller Herren betrogen haben.

Danach offenbarte sich Jesus abermals den Jüngern am See von Tiberias. Er offenbarte sich aber so: Es waren beieinander Simon, Petrus und Thomas, der Zwilling genannt wird, und Nathanael aus Kana in Galiläa und die Söhne des Zebedäus und zwei andere seiner Jünger. Spricht Simon Petrus zu ihnen: Ich gehe fischen. Sie sprechen zu ihm: Wir kommen mit dir. Sie gingen hinaus und stiegen in das Boot, und in dieser Nacht fingen sie nichts.
Als es aber schon Morgen war, stand Jesus am Ufer, aber die Jünger wussten nicht, dass es Jesus war. Spricht Jesus zu ihnen: Kinder, habt ihr nichts zu essen? Sie antworteten ihm: Nein. Er aber sprach zu ihnen: Werft das Netz aus zur Rechten des Bootes, so werdet ihr finden. Da warfen sie es aus und konnten's nicht mehr ziehen wegen der Menge der Fische. Da spricht der Jünger, den Jesus liebhatte, zu Petrus: Es ist der Herr!
Als Simon Petrus hörte: „Es ist der Herr", da gürtete er sich

das Obergewand um, denn er war nackt, und warf sich in den See. Die andern Jünger aber kamen mit dem Boot, denn sie waren nicht fern vom Land, nur etwa zweihundert Ellen, und zogen das Netz mit den Fischen. Als sie nun an Land stiegen, sahen sie ***ein Kohlenfeuer*** *am Boden und Fisch darauf und Brot.*
Spricht Jesus zu ihnen: Bringt von den Fischen, die ihr jetzt gefangen habt! Simon Petrus stieg herauf und zog das Netz an Land, voll großer Fische, hundertdreiundfünfzig. Und obwohl es so viele waren, zerriss doch das Netz nicht. Spricht Jesus zu ihnen: Kommt und haltet das Mahl! Niemand aber unter den Jüngern wagte, ihn zu fragen: Wer bist du? Denn sie wussten: Es ist der Herr. Da kommt Jesus und nimmt das Brot und gibt's ihnen, desgleichen auch den Fisch. Das ist nun das dritte Mal, dass sich Jesus den Jüngern offenbarte, nachdem er von den Toten auferstanden war.
(Johannes 21,4, eig. Hervorhebung)

Traurig, mit Schuld beladen und voller Scham kehrte Petrus zu seiner alten Gewohnheit zurück, zum Fischen. Wie muss er sich da draußen gefühlt haben? Vielleicht ein bisschen wie ich an jedem Mittwoch im städtischen Hallenbad. Ich fühlte mich als Versager. Ich schämte mich und war so unendlich einsam. Man kann von vielen Menschen umgeben sein und sich doch so unbeschreiblich einsam fühlen. Petrus war an diesem Morgen nicht allein, aber vielleicht doch der einsamste Mensch auf der ganzen Welt. Er hatte kläglich versagt. Jedoch für alles, wofür Petrus sich schlecht fühlte, für all das hatte Jesus am Kreuz bezahlt:

- Alle Schuld, die Petrus auf sich lud – Jesus trug sie am Kreuz
- Alle Scham, die Petrus empfand – Jesus hing nackt dafür am Kreuz und trug alles Beschämende.
- Alle Einsamkeit, die Petrus fühlte – sein HERR starb dafür verlassen und einsam auf Golgatha.

Aber all dies tat Jesus nicht nur für Petrus, sondern auch für dich, für mich und für die ganze Menschheit.

An diesem Morgen der Schuld, der Scham und der Einsamkeit, am Morgen der großen Hoffnungslosigkeit, da stand Jesus an Petrus' „Beckenrand", am Ufer!

Als es aber schon Morgen war, stand Jesus am Ufer.
(Johannes 21,4)

Wie muss Petrus sich gefühlt haben, als ihm der Duft eines Frühstücks in die Nase stieg? Dort am „Beckenrand" stand Jesus, nicht zornig, keine Enttäuschung im Gesicht, sondern mit einem liebevoll zubereiteten Frühstück. Wir lesen, dass einer der Jünger rief: *„Es ist der Herr!"*

Es ist der HERR – keine universelle Energie, kein höheres Wesen, kein Sternzeichen, nicht irgendwer, nein – ***es ist der HERR!***

Was für ein Ausruf! Was für eine Erkenntnis! Mitten in aller Schuld, Scham und Einsamkeit die Gewissheit: Gott hat sich nicht abgewandt oder beleidigt zurückgezogen, sondern er kam, um Hoffnung zu schenken, um mit seinen Freunden zu frühstücken. Ein Gott, der ein Frühstück zubereitet, wie herrlich! Es berührt mein Herz so sehr – was für eine Liebe!

Inmitten von traurigen, chaotischen Nachrichten voller Katastrophen, Inzidenzen und Kriegsberichten, möchte ich dir auch zurufen, wer dich so liebhat, wer dir vergeben hat und wer so gerne mit dir frühstücken möchte: ***Es ist der HERR!***

Petrus zog sein Obergewand an, weil er nackt war, um dann mit den Klamotten ins Wasser zu hüpfen. Ich bin mir sicher, dass er um sein Leben schwamm, ach was, nicht *um* sein Leben, sondern *zu* seinem Leben. Er war mit Sicherheit der schnellste Schwimmer aller Zeiten. Niemals zuvor und danach schwamm jemand schneller als Petrus, so stelle ich mir das vor ☺. Tief in seinem Herzen wusste er, dass Jesus ihm vergeben hatte, er sich nicht mehr schämen musste und dass die

Einsamkeit ein Ende hatte. Jetzt wusste er, es war nicht für alles zu spät, sondern jetzt würde es erst beginnen.

Dort vorne wartete wieder ein Kohlenfeuer auf ihn – aber keines, wie es die Welt ihm angeboten hatte, das nicht wärmte. Keine „Wärme“, wie sie die Welt uns verspricht, sondern ein Feuer von einem himmlischen Ort, von der Liebe in Person selbst.

An welchen Orten suchst du Wärme? An Orten, die die Welt anbietet? Oder bei Jesus persönlich?

Eine Bekannte von mir ist Traumatherapeutin. Sie sagte mir einmal, dass das, was Jesus damals tat, klassische Traumatherapie war. An einem Kohlenfeuer verleugnete Petrus seinen Herrn. Doch der Herr selbst führte ihn wieder an ein Kohlenfeuer. Dort wurde sein Trauma besiegt. Jesus ist nicht nur der liebevollste Fußpfleger aller Zeiten und nicht nur der wunderbarste Frühstückszubereiter, sondern auch der beste Traumatherapeut.

Es ist nie zu spät, ihm unsere Scham und Schuld zu bekennen. Quälst du dich auch irgendwie am Beckenrand deines Lebens entlang? Steht dir auch manchmal das Wasser bis zum Hals? Sehnst du dich nach echter Wärme?

Schau mal, ein neuer Morgen wartet auf dich, und Jesus steht am Ufer. Er hat Frühstück gemacht, er klagt dich nicht an, du kannst mit allem kommen, was dir schwer ist. Er sehnt sich danach, dir alles abzunehmen und dich in seine Arme zu schließen, damit die Einsamkeit für alle Ewigkeit ein Ende hat und du nie mehr frierst. Niemand wird mehr lachen, denn an seinem Kohlenfeuer ist für die Kälte der Welt kein Platz mehr. Dort an diesem Feuer und in seinen Armen bist du angekommen.

Es ist nicht zu spät.
Es ist der HERR!
Rede mit ihm, ER ist da!
„Ich bin für dich da" ist sein Name,
und er ist für dich da!
Das Frühstück ist fertig ...

14 – Miggis (Box)Kampf

In liebevollen Momenten nannte mein Papa mich manchmal „Miggi". Wenn er mich so nannte, war die Welt in Ordnung. Dann galt es als sicher, dass keine Schläge meinen Körper und mein Herz treffen würden. Wenn ich mit diesem Namen angesprochen wurde, war es wie ein Stück vom Himmel. Vielleicht werden sie mich im Himmel „Miggi" nennen.

Schon von klein auf war ich vom Boxsport begeistert. In den 1970er-Jahren schauten Papa und ich „Alis" Kämpfe im TV, und bis heute sehe ich mir so manchen Kampf gerne an. Kampfsport allgemein hat aus meiner Sicht viel mit unserem Leben zu tun.

Da ich so manche Tiefschläge in meinem Leben einstecken musste, vergleiche ich mein Leben gerne mit einem Boxkampf. Einige Tiefschläge veranlassten mich dazu, mein Leben völlig umzukrempeln und neu zu ordnen. Im Nachhinein gesehen kamen die Tiefschläge, auch wenn das merkwürdig klingen mag, immer rechtzeitig und nie zu spät, wie du im Laufe dieses Textes noch sehen wirst. Noch bin ich immer wieder aufgestanden: nach den Niederschlägen in meiner Kindheit, nach meiner Obdachlosigkeit, meinem Scheitern als Vater, Sohn, Bruder und Freund, nach dem Unfall meiner Familie oder meinem Herzinfarkt. Ich stehe noch im Ring und boxe mich weiter durch dieses Leben.

Vielleicht fragst du dich, in welcher Runde du selbst gerade bist. Welchem Trainer, Teamarzt und Mentalcoach vertraust du? Wie sind deine Nehmerqualitäten? Was, wenn der Pausengong zu spät ertönt oder das Handtuch zu spät geworfen wird? Wem vertraust du, dass er dich im Blick hat und es gut mit dir meint?

Komm, begleite mich kurz in meinen Lebens-Boxring:

Ich schaue mich um. Lärm und Stille zugleich umgeben mich. Ich liege auf dem Ringboden. Es scheint, als würde mein Leben in Sekundenbruchteilen an mir vorüberziehen. Ein schwerer Schlag hat mich getroffen und zu Boden geschmettert. Die Menge tobt, der Ringrichter zählt mich an. Mein Gegner steht übermächtig vor mir. In mir ist Stille, Angst und Ruhe. Irgendwie alles auf einmal.

Leicht neige ich meinen Kopf zur Seite und sehe, dass er da ist. Ja, er war und ist immer für mich da – mein Coach! Ich sehe seinen besorgten und gütigen Blick. Er nennt mich oft liebevoll „Miggi“. Erst jetzt, am Boden, denke ich daran, wie viel Liebe tatsächlich darin liegt, wenn er mich mit „Miggi“ anspricht.

Wie so oft, habe ich in diesem Kampf seinen Rat nicht befolgt, habe ihn zwar gehört, aber wollte oder konnte ihn nicht verstehen, bin mit meiner eigenen Philosophie hineingegangen. Miggi wollte es sozusagen „auf eigene Faust“ tun.

Wie liebevoll und eindringlich hat mein Coach mich auf diesen Kampf vorbereitet, mir die Handschuhe angezogen, die letzten Tipps und seinen Segen gegeben. Dann gibt es noch meinen Teamarzt, der zugleich mein bester Freund ist, und der Dritte im Bunde ist mein Mentalcoach. Diese Drei sind eine Einheit, einfach unbeschreiblich. Doch erst jetzt, auf dem Ringboden, wird mir der Wert meiner Begleiter so richtig bewusst. Ich sehe mich noch beim „Walk in“ – sie waren ganz dicht an mir dran, von allen Seiten umgaben sie mich, um mir eine Bahn durch die grölende Menge zu schaffen. Mein Coach, mein Teamarzt und mein Mentalcoach, sie waren zugleich meine Bodyguards.

Mein Coach, Papa, wie ich ihn oft nenne, ebnete mir den Weg in den Ring und hob das Seil hoch; gebückt betrat ich den Ring, bereit zu kämpfen. War ich wirklich bereit? Passte meine Taktik? War meine Herzenseinstellung die richtige? Worauf lag mein Fokus? Beim Gongschlag hörte ich Papa noch rufen: „Ich bin bei dir, mein Junge!“ Jetzt, am Boden, nachdem ich den schwersten Tiefschlag meines Kampfes einstecken musste, erkenne ich die wahre Liebe und seine Fürsorge in diesen Worten. Habe ich wirklich auf mein Team gehört? Nein, das habe ich nicht. Ich glaube, meine Konzentration lag mehr darauf, wie ich auf das Publikum wirkte, auf der Show im Hintergrund. Auf meinem Boxoutfit und dem ganzen Drumherum. Aber nicht auf dem Kampf selbst.

Kommt meine Erkenntnis zu spät?

Die Stimme des Ringrichters scheint weit weg und sehr langsam zu sein. Die grellen Scheinwerfer blenden mich und verursachen zusätzliche Schmerzen. Der Blick meines Trainers ist nicht anklagend, mein Mentalcoach trifft mit seinen Worten ins Innerste meines Herzens. Warum ist mein Herz erst jetzt dafür offen, wo ich am Boden bin? Nun, ich kenne die Antwort: Ich habe ihm nie von ganzem Herzen zugehört, hatte nicht das nötige Vertrauen.

Der Ringrichter zählt, die Zehn kommt näher: ... 6 ... 7 ... Ich sammle meine Kräfte; der Blick meines Vaters, das Nicken meines Arztes und die Worte meines Mentalcoachs geben mir neue Kraft ... 8 ... 9 ... Da stehe ich nun mit wackeligen Beinen, kaum Sicherheit, die Arme schwer wie Blei und mein Körper vom Kampf gezeichnet. Doch bevor mein Gegner mir den alles vernichtenden Schlag versetzen kann, ertönt die Pausenglocke. Gerade noch rechtzeitig. Was für ein Glück! Ich glaube ich hätte keine weitere Sekunde überlebt ...

Meine Drei stürmen in den Ring und helfen mir in meine Ecke. Mein Arzt versorgt meine Wunden. Er war auch mal Boxer, er kennt meine Blessuren, meine Ängste und meine Sorgen, denn er hat all dies selbst erlebt. Mein Mentalchoach berührt den Grund meines Herzens und Papa gibt mir die Ruhe, die Sicherheit, die ich brauche. Keine Anklage, obwohl ich seine Taktik über Bord geworfen und es auf eigene Faust versucht habe.

In dieser lebensnotwendigen Ringpause konzentriere ich mich zum allerersten Mal so richtig auf mein Team. Es scheint, als hätte ich den Niederschlag gebraucht. Keine Blicke mehr für die Nummerngirls, keine Ohren für den Lärm in der Arena und kein Schauen auf das Publikum. Nur meine Drei und ich. WIR VIER

SIND EINE EINHEIT – mit diesem Wissen tief in meinem Herzen gewinne ich neue Kraft.
Fast hätte ich den Kampf verloren. Wie oft habe ich unfair gekämpft und dabei nicht nur die anderen, sondern auch mich selbst betrogen, und vor allem mein treues Team an meiner Seite. Doch von ihnen ernte ich keine Vorwürfe. Ihre Blicke, ihre Ruhe, ihre Nähe und all die Liebe darin nehme ich jetzt an wie noch nie zuvor. Ich glaube, der Tiefschlag war notwendig, um diese Liebe ergreifen zu wollen und begreifen zu können.
So stehe ich nun wieder im Ring. Meine Drei dicht, ganz nah bei mir, ihre Worte und Liebe in meinem Herzen verankert. Der Gong ertönt, ich habe immer noch etwas weiche Knie, meine Arme sind müde und schwer, aber die Worte meines Trainers, der Segen meines Arztes und die kostbare Inspiration meines Mentalcoachs lassen eine nie gekannte Kraft in mir aufsteigen. Das Wissen, dass sie ganz nah sind, beschenkt mich mit neuer Energie. Die Gewissheit, dass, wenn es hart auf hart kommt, mein Papa das Handtuch werfen wird, um mich zu schützen, wenn ich es selbst nicht will oder kann, gibt mir Sicherheit. Der Niederschlag war schwer, sehr schwer, und war doch ein Geschenk. Mein Fokus ist ein neuer, und das Bewusstsein meiner Endlichkeit macht mein Leben kostbarer. Ich möchte viel mehr auf meinen Coach, meinen Arzt und meinen Beistand – meinen Tröster – hören.
Ja, ich stehe wieder im Ring, noch etwas angeschlagen, noch mit wackligen Beinen und auch ein wenig Angst; doch meine Drei am Ring geben mir Ruhe und Sicherheit, wie ich sie bisher noch nie erlebt habe bzw. erleben wollte.
Wie viele Runden ich noch habe, weiß ich nicht, mehr als die Hälfte allerdings habe ich schon hinter mir. Wenn der letzte Gong ertönt, die Musik verstummt und alle gegangen sind, dann werden meine Drei noch da sein. Mitten in der Ringpause sagte mein Coach zu mir: „Halte durch, mein Junge, ich bin bei dir. Wenn das hier zu Ende ist, bringe ich dich persönlich nach Hause. Und wenn du vor Erschöpfung nicht mehr gehen kannst, dann trage ich dich. Zu Hause wird es dir so gut gehen,

dass du keine Erinnerungen an die Schläge des Kampfes mehr haben wirst."
Mit diesem Versprechen, mit dieser Liebe boxe ich, lebe ich weiter. In welcher Runde bist du gerade? Wie sieht deine Taktik aus? Hörst du die Stimme deines Trainers, deines Teamarztes und deines Mentalcoachs? Worauf liegt dein Fokus? Bei den Nummerngirls? Den Partys? Der schrillen Musik? Dem Publikum? Lässt du dich vom grellen Licht der Scheinwerfer blenden?
Vergiss nicht, eines Tages ertönt der letzte Gong. Dann werden alle gegangen sein, die Lichter gehen aus, die Musik verstummt.
Ich, Miggi, werde dann nach Hause gehen, aber ich werde nicht alleine sein. Nie mehr! Kein grelles, sondern ein warmes, mit Liebe gefülltes Licht wird mich umgeben und durchfluten. Keine Niederschläge mehr, keine Schmerzen mehr und keine verletzenden und herabwürdigenden Schreie aus dem Publikum. Kein hämisches Grinsen mehr. All das wird nicht mehr sein. Sondern nur Liebe, nichts als Liebe in alle Ewigkeit.
Noch stehe ich im Ring, doch leise höre ich in meinem Inneren die Stimme meines Coaches, meines Papas, flüstern: „Halte durch, Miggi, mein Junge – ich bin immer für dich da!"

Gott flüstert nun auch dir zu: „Vertraue mir!"

Schau mal, ich habe dir hier einige Zusagen von Gott selbst herausgesucht, die so in der Bibel stehen. Sie gelten dir persönlich. Dein Trainer und Freund, der Papa aller Papas hat dir etwas mitzuteilen, möge jedes Wort sich tief in deinem Herzen verankern.

Verlass dich auf den HERRN von ganzem Herzen,
und verlass dich nicht auf deinen Verstand,
sondern gedenke an ihn in allen deinen Wegen,
so wird er dich recht führen (Sprüche 3,5-6).

Gesegnet ist der Mann, der sich auf den HERRN verlässt,
und dessen Zuversicht der HERR ist.
Der ist wie ein Baum, am Wasser gepflanzt,
der seine Wurzeln zum Bach hin streckt.

Denn obgleich die Hitze kommt, fürchtet er sich doch nicht,
sondern seine Blätter bleiben grün;
und er sorgt sich nicht, wenn ein dürres Jahr kommt,
sondern bringt ohne Aufhören Früchte (Jeremia 17,7-8).

Wenn du durch Wasser gehst, will ich bei dir sein,
und wenn du durch Ströme gehst,
sollen sie dich nicht ersäufen.
Wenn du ins Feuer gehst, wirst du nicht brennen,
und die Flamme wird dich nicht versengen (Jesaja 43,2).

Euer Herz erschrecke nicht!
Glaubt an Gott und glaubt an mich (Johannes 14,1).

Denn es sollen wohl Berge weichen und Hügel hinfallen,
aber meine Gnade soll nicht von dir weichen,
und der Bund meines Friedens soll nicht hinfallen,
spricht der HERR, dein Erbarmer (Jesaja 54,10).

Mich berühren seine Zusagen sehr, besonders in sehr dunklen Zeiten meines Lebens. In Momenten, in denen ich mich im Staub auf dem Ringboden befunden habe, gaben sie mir Trost und Hoffnung. Und hier noch ein paar Bibelverse, welche Menschen aus ihrem Herzen zum Herzen Gottes gesendet haben. Vielleicht möchtest du gemeinsam in sie einstimmen.

Wenn ich mich fürchte, so hoffe ich auf dich (Psalm 56,4).

Lass mich am Morgen hören deine Gnade;
denn ich hoffe auf dich.
Tu mir kund den Weg, den ich gehen soll;
denn mich verlangt nach dir (Psalm 143,8).

Ich will Gottes Wort rühmen;
auf Gott will ich hoffen und mich nicht fürchten.
Was können mir Menschen tun? (Psalm 56,5).

Bei Gott ist mein Heil und meine Ehre, der Fels meiner Stärke,
meine Zuversicht ist bei Gott (Psalm 62,8).

Wenn ich nur dich habe,
so frage ich nichts nach Himmel und Erde (Psalm 73,25).

Der HERR ist meine Stärke und mein Schild;
auf ihn traut mein Herz und mir ist geholfen.
Nun ist mein Herz fröhlich,
und ich will ihm danken mit meinem Lied (Psalm 28,7).

Ich traue aber darauf, dass du so gnädig bist;
mein Herz freut sich, dass du so gerne hilfst.
Ich will dem HERRN singen,
dass er so wohl an mir tut (Psalm 13,6).

Wenn sich auch ein Heer wider mich lagert,
so fürchtet sich dennoch mein Herz nicht;
wenn sich Krieg wider mich erhebt,
so verlasse ich mich auf ihn (Psalm 27,3).

Er ist mein Fels, meine Hilfe und mein Schutz,
dass ich nicht wanken werde (Psalm 62,7).

Bewahre mich, Gott; denn ich traue auf dich (Psalm 16,1).

So können wir getrost sagen:
„Der Herr ist mein Helfer, ich werde mich nicht fürchten;
was kann mir ein Mensch tun?“ (Hebräer 13,6).

Die Tatsache, dass du dieses Kapitel zu Ende gelesen hast, bedeutet: Du stehst noch im Ring! Es nicht zu spät, eventuell deine Taktik zu ändern.

Nun hoffe ich, dass du durch diese Zeilen gestärkt den Kampf in deinem persönlichen Lebens-Boxring weiterführst. Halte die Deckung oben, stehe stabil und vertraue deinem Team; höre auf das Zurufen derer, die es gut mit dir meinen.

Gott liebt dich, was immer auch passiert, seine Liebe bleibt. Er steht diesen Kampf bis zum Ende mit dir durch. Mit ihm an deiner Seite und in deinem Herzen hast du bereits den Sieg errungen.

Gott aber sei Dank, der uns den Sieg gegeben hat durch unsern Herrn Jesus Christus (1. Korinther 15,57).

Eines Tages werden alle Brüche heil und alle Tränen getrocknet sein.

Ich habe einen guten Kampf gekämpft; ich habe den Lauf vollendet; ich habe Glauben gehalten (2. Timotheus 4,7).

15 – Himmlische Umarmung

Mehrfach durfte ich bereits im Rahmen einer christlichen Männerreise in Israel sein. Seit ich ein kleiner Junge war, seit ich Jesus kennen und lieben lernen durfte, brannte diese Sehnsucht in mir, dort zu sein, wo er gewesen war, dort zu gehen, wo er gegangen war, ja, und auch dort zu weinen, wo er geweint hatte.

Bei einer dieser Reisen waren wir fast 60 Männer. Was für ein liebevoller, verrückter Haufen! Männer aus allen Gesellschaftsschichten, wunderbare Typen, die ich so lieb gewann auf dieser Reise. Die ersten gemeinsamen Stunden fand eine Art Abtasten statt, wie das so ist, wenn man sich noch gar nicht kennt. Manche wirkten auch vorsichtig und einige irgendwie schüchtern, aber eines verband uns alle, eine Sehnsucht, die nicht von dieser Welt war. Es waren Männer dabei, die Jesus kaum oder gar nicht kannten, und welche, die schon fast ihr ganzes Leben mit ihm gegangen waren, aber wir alle trugen eine Sehnsucht in unseren Herzen, die niemand in dieser Welt hätte stillen können, außer dem Einen, der aus seiner Welt in die unsere Welt kam, der uns ganz nahekam und sogar noch näherkommen will, mitten in unsere Herzen. Ja, sein Ziel war nicht die Welt, sondern dein und mein Herz.

Viele „biblische Orte“ standen auf dem Programm, unter anderem auch der Garten Gethsemane. Ich durfte in diesem unbeschreiblich schönen Garten mit dieser unfassbaren Ausstrahlung eine Andacht halten. Was für ein Wunder war allein die Tatsache, dass ich, der einst so geplagte, einsame, arme, unsichere und verletzte Bub, an diesem Ort zu all den Männern sprechen durfte!

Ich erzählte den Burschen von dem Mann aller Männer, der hier im Garten gelegen und geweint hatte, der Blut geschwitzt hatte. Kurz zuvor hatte er noch so liebevoll die Füße seiner Freunde gewaschen, obwohl er wusste, dass sie bald alle weglaufen würden.

Hände, die Sterne geformt und den Planeten ihre Bahnen gegeben hatten, „grubbelten" zwischen den Zehen seiner Freunde und massierten ihre müden und wundgelaufenen Füße ...

Was für ein Gott, der aus Liebe Mensch wurde und uns in seinem Sohn entgegenrannte, aus Sehnsucht nach dir und mir! Ich erzählte den Männern, dass Jesus hier geweint und im Dreck gelegen hatte, dass er aber wenige Augenblicke später einer kleinen Armee von Soldaten aufrecht gegenübergestanden und ihnen auf ihre Frage, wen sie suchten, geantwortet hatte: „Ich bin es!", und wie diese Armee zurückgewichen und zu Boden gefallen war. Ich hatte dieses tiefe Bedürfnis, den Männern unter Tränen mitzuteilen, dass, wenn der Mann aller Männer im Staub gelegen und geweint hatte, wir dies auch tun dürften, aber dass wir auch wieder aufstehen und unseren Stand einnehmen dürften und sollten, ja, vielleicht auch müssten; dass wir uns unserer Identität – wer wir in den Augen Gottes sind – bewusst sein oder werden sollten. So kann aus all dem Dreck, dem Versagen und der Schuld unseres Lebens auch Großartiges entstehen. All die Täler, die so mancher von uns hatte durchqueren müssen oder in denen einige von uns noch unterwegs waren, könnten zum Segen für uns selbst und andere werden.

Ich selbst erlebte Gewalt in vielen Formen und verstehe dadurch andere, die Gewalt erleben. Ich war nicht selten auch Täter; dadurch verstehe ich jene, die zu Tätern geworden sind. Ich war obdachlos und verstehe Menschen, die kein Dach über dem Kopf haben. Ich war ein miserabler Sohn, Ehemann, Vater, Bruder und Freund und verstehe die, die in ähnlichem Maße schuldig wurden wie ich. Ich musste Katastrophen erleben und nach einem Infarkt um mein eigenes Leben kämpfen;

dadurch verstehe ich alle, die Ängste haben, die sich sorgen und zweifeln ...

Ich glaube, an diesem Tag haben alle Männer im Garten geweint und alle gebetet, auch jene die vielleicht beides noch nie getan hatten. Es war eine heilige Atmosphäre an einem heiligen Ort. Ich glaube, mit Sicherheit sagen zu können, dass alle Herzen von Jesus berührt wurden.

Als meine Andacht zu Ende war, lagen sich viele Männer weinend und betend oder auch nur schweigend in den Armen. Manche saßen irgendwo in der Wiese, manche lehnten an einem Baum, wie vielleicht Jesus einst. Irgendwo dort waren seine Tränen, sein Schweiß und sein Blut in das Erdreich eingedrungen. Irgendwo an einem dieser uralten Bäume hatte er sich vielleicht abgestützt.

Mein Herz war so unglaublich berührt, und ich bat Gott um ein Zeichen, zu welchem der Männer ich mich gesellen sollte. Mein Blick richtete sich auf einen Mann, der einsam und gedankenverloren auf einer Bank saß. Meine innere Stimme sagte mir, dass ich mich zu ihm setzen und mit ihm beten sollte. Ich gehorchte dieser Stimme, obwohl ich mich dabei nicht so ganz wohlfühlte, denn ich wollte diesen Mann nicht stören.

Fast schon vorsichtig setzte ich mich neben ihn und fragte: „Ist es okay, wenn wir gemeinsam beten?“

In diesem Moment brach der Mann in Tränen aus und sagte mir: „Ich habe so viele Kämpfe in mir. Mir ist so schwer und ich konnte eigentlich nicht viel mit Gott und Jesus anfangen. Doch in diesem Garten wurde mein Herz so berührt. Und gerade, als ich alleine auf dieser Bank saß, sagte ich zu Jesus: ‚Wenn es dich wirklich gibt, dann möge sich jetzt einer der Männer neben mich setzen und mit mir beten.‘ Und dann kommst du genau zu diesem Zeitpunkt und setzt dich neben mich, um mit mir zu beten!!!“

Unfassbar und unbeschreiblich, da saßen wir nun beide und weinten und beteten. Kurze Zeit später lud dieser Mann den Mann aller Männer in sein Herz ein – Jesus!

Es ist nie zu spät, auf Gottes Impulse zu hören, solange man sie hört. Seinen Worten können wir vertrauen und Wege gehen, die wir sonst vielleicht nie gehen würden, und wenn es „nur" zum Nächsten ist, auf ein gutes Wort oder gar eine Umarmung.

16 – Schrei nach Liebe

Es war im Sommer 2021 irgendwo in Norddeutschland. Ich wurde angefragt, bei einem Open-Air-Gottesdienst auf einem Bahnhofsvorplatz zu sprechen.

Bahnhöfe haben das gewisse Etwas. Hier herrscht ein ständiges Kommen und Gehen. Menschen die Warten, andere, die in Eile sind, und viele mit sehr viel Zeit, weil sie kein richtiges Zuhause haben. In meinem Herzen spürte ich, dass an diesem Tag etwas Außergewöhnliches passieren würde. Gottes Wort hinterlässt Spuren, trifft manche ganz sanft und wieder andere hart. Manchmal hinterlässt es Tränen der Rührung, der Erkenntnis, das Empfangen unbeschreiblicher Liebe, aber manchmal ist auch Rebellion die Antwort auf Gottes Wort. Mit diesem Wissen stand ich auf der Bühne und schaute in die Menschenmenge. Ich sah die vielen Gesichter und betete, dass Gottes Liebe diese Menschen tief im Herzen erreichen möge, auch jene, die nur vorbeiliefen oder in ihren Wohnungen saßen.

Kaum war ich auf der Bühne, setzte Regen ein. Die Menschen suchten Schutz und rückten dadurch noch enger zusammen. Ein Typ jedoch hielt stand wie ein Fels auf stürmischer See, und in ihm selbst tobte auch ein Orkan, wie gleich darauf alle Anwesenden erleben konnten.

„Du lügst!“, schrie er von unten zur Bühne empor. Das war er, der Moment, den ich irgendwie erahnt hatte. Ich erzählte von meinem Leben, von der Versöhnung mit meinem alkoholkranken Papa und von Sterbenden, die im Angesicht des Todes ihre Schuld bereuten und Frieden mit Gott machten. „Du lügst! Das kann doch alles gar nicht wahr sein! Das glaube ich nicht!“

Ich erklärte ihm, dass es die Wahrheit ist, egal wie sehr er sich darüber aufregen würde, und ich erkannte, dass er eine ähnliche Vergangenheit hatte, wie ich als Kind. Ja, ich konnte es fühlen und ihn verstehen. Das sagte ich ihm, dass ich seine Ablehnung und sein Schreien absolut verstehen könne. Ein anderer kam zu ihm und legte den Arm um ihn, und er ließ es zu. Meine Kollegin brachte ihm einen Kaffee. Diese Wertschätzungen, die Umarmung, der Kaffee und meine Worte berührten sein Herz. Wobei der Kaffee so heiß war, dass er sich noch etwas den Mund verbrannte. Irgendwie war es kurz lustig. Ich musste schmunzeln. Doch trotz der „verbrannten Zunge" erkannte er die Wertschätzung hinter dieser Geste. Von da an hörte er aufmerksam zu und war still.

Er war ungefähr so alt wie ich, mochte also Anfang der 70er-Jahre geboren sein. Als ich mit meinem Vortrag zu Ende war, flossen bei manchen Leuten die Tränen, und mein neu gewonnener Freund stand starr und tief bewegt in der ersten Reihe. Er hatte einen markanten Hut auf und war somit irgendwie sichtbar im Bad der Menge. Ich ging zu ihm, und er lag eine ganze Weile in meinen Armen. Als wir uns so austauschten, kam einer zu mir und fragte mich, ob ich Zeit für einen jungen Mann hätte. Er meinte, der sei der kaputteste Typ, dem er je in seinem Leben begegnet wäre. Ich fragte meinen „Freund", ob es okay sei, wenn ich kurz nach dem anderen schaue. Er nickte und seine Blicke folgten mir, als ich zu diesem jungen Mann ging.

Da stand er, einer der „zufällig" am Bahnhof weilte. Ende zwanzig, lange Haare, ein ausgemergelter Körper, der wohl viele Monate keine Körperpflege erfahren hatte. Ich war zutiefst berührt. Gottes Liebe bewegte mein Herz. Ich hatte einfach nur Liebe für diesen Kerl. Ich ging auf ihn zu, er sah mich kommen. Tränen füllten seine Augen, seine Körperhaltung signalisierte mir, dass hier ein gebrochener Mensch vor mir stand. Was sollte ich tun? Welche Worte waren die richtigen? Ich nahm ihn einfach in meine Arme. Lange lag er an meiner Brust. Da weinten wir zusammen. Mein „schreiender Freund" stand wenige Meter von uns weg und beobachtete das Ganze. Schier endlos lange lag der junge Mann in meinen Armen.

Einst ließ Jesus sich brechen, um denen nahe zu sein, die gebrochen sind, um sie tief in ihrem Herzen zu verstehen. Der Herr ist denen nahe, die zerbrochenen Herzens sind.

Lange hielten wir uns. Eigentlich sollte man sich zu der damaligen Zeit aufgrund der Corona-Krise gar nicht in den Arm nehmen. Doch es war in diesem Augenblick für ihn und mich das Allerbeste. Eine Umarmung bedeutet, angekommen zu sein, ein Stück Zuhause, ja, ein Stück Himmel. Eine Umarmung ist ja das unausgesprochene Evangelium. Später erzählte mir der junge Mann von seinem Leben und dass er gerade nur „zufällig" am Bahnhof gewesen sei und das, was er gehört hatte, sein Herz total berührt habe. Ich könnte noch viel über diesen jungen Mann berichten. Die Jacke, die ich damals anhatte, wurde danach nie mehr gewaschen, denn darauf sind seine Tränen verewigt, die er in meinen Armen vergossen hatte. Zum Abschluss beteten wir gemeinsam.

Mit bewegtem Herzen hielt ich Ausschau nach meinem Freund mit Hut. Als wir uns sahen, war er so tief berührt von allem, dass auch er mir von seinem Leben berichtete. Sein Herz schrie nun seinen ganzen Schmerz hinaus. Mit Gewalt war er aufgewachsen. Später hatte er sich einer Gang angeschlossen, viele Straftaten verübt und war dafür einige Jahre im Gefängnis gewesen. Zwei Kinder hatte er, die er Jahre nicht gesehen hatte und so schmerzlich vermisste.

Mit aller Macht kämpfte er gegen die Tränen, bis er sie nicht mehr zurückhalten konnte. Dann weinte er bitterlich in meinen Armen und schrie den Schmerz seines Lebens heraus. Seine Tränen bedeckten meine Jacke und vermischten sich mit denen des jungen Mannes zuvor.

„Was machen wir nun mit all dem Schmerz, mit all der Schuld, mit all den offenen Sehnsüchten deines Lebens?", fragte ich ihn. Da stand er vor mir, nicht mehr der Fels im tobenden Sturm mit der großen Klappe. Vor mir stand ein kleiner, verletzter Junge, der nie richtig die Geborgenheit einer

Familie hatte erleben dürfen, und der sich später einer Gang angeschlossen hatte, nur um irgendwie dazuzugehören. Er hatte Teil von etwas Größerem sein wollen, um geachtet und wertgeschätzt zu werden. Geht es uns nicht allen so? Ja, es war die Sehnsucht nach einem liebenden Papa, nach Familie. Ich glaube, jede Gang ist letztendlich nichts anderes als eine Art Ersatzfamilie.

In meinem Vortrag hörte er, dass Gott der Papa aller Papas ist und sich so sehr nach jedem Menschen sehnt. Er hörte, dass Jesus für alle unsere Schuld bezahlt hat, um uns die Freiheit zu schenken.

„Ich möchte endlich frei werden!", sagte er mir mit verweintem Gesicht. So nahm ich ihn abermals in meine Arme und wir beteten gemeinsam:

Lieber Jesus,
leider ist mein Leben nicht so gelaufen, wie du es geplant hast. Ich habe in vielen Dingen Glück und Anerkennung gesucht und doch nirgendwo gefunden.
Ich habe Menschen enttäuscht und verletzt. Ich habe gehört, dass du für meine Schuld bezahlt hast. Dieses Geschenk möchte ich annehmen und DICH jetzt in mein Herz einladen.
Danke, dass du mich so unendlich liebst. Hilf mir, den Weg zu gehen, den du für mich gedacht hast und verändere mein Herz nach deinem Willen. – Bitte, liebe mein Herz gesund.
Und ich bekenne: Von nun an bin ich dein Kind und du mein Freund, mein Herr und mein Gott. Amen.

So standen wir nun auf der Rückseite der Bühne und weinten Arm in Arm zusammen. Er schaute mich mit Tränen im Gesicht an und meinte: „Michael, eben beim Beten habe ich eine Freiheit gespürt, die mir völlig neu ist. Ich hatte Gänsehaut, mein Herz wurde berührt. Es tut mir leid, dass ich heute bei deinem Vortrag geschrien habe! Meinst du, ich kann auf die Bühne gehen und den Leuten aus meinem Herzen berichten?"

Wenige Augenblicke später, stand der, der mir noch Stunden zuvor seinen Hass entgegengeschrien hatte, auf der Bühne. Der Kerl, der voller Rebellion in Richtung Bühne geschrien hatte, sprach nun in einer anderen Sprache voller Liebe von der Bühne herab zu den Leuten. Als Verlorener hatte er heraufgeschrien, als Kind Gottes sprach er von der Bühne herab – der Mann mit dem Hut.

Er erzählte kurz aus seinem Leben und was Gott heute mit ihm, mit seinem Herzen gemacht hatte. Er sprach von Frieden, Dankbarkeit und einer nie gekannten Freiheit. „Es ist wahr", sagte er, „Jesus lebt! Und ab jetzt lebt er in mir."

Aus einem Geschrei voller Schmerz, Rebellion und Hass war eine Stimme geworden, die Gott lobte und dankte!

„Heute ist hier ein Wunder geschehen", sagte der Mann vor vielen Menschen zum Abschied. Ja, das ist es, ich war dabei! Seine Schreie der Rebellion waren letztendlich nur Schreie nach Erlösung, nach einem Zuhause, nach Liebe und nach Gott. Sie wurden gehört. Es war und ist niemals zu spät, nach Liebe, nach Versöhnung, nach Gott zu schreien.

In äußerster Bedrängnis schrie ich zum HERRN.
Ja, zu meinem Gott rief ich um Hilfe.
Da hörte er mich in seinem Tempel,
mein Schreien drang durch bis an sein Ohr.
(Psalm 18,7 HFA)

17 – Nutze die Zeit

Es gab eine Zeit in meinem Leben, da fuhr ich fast täglich eine Strecke, auf der ich an einer bestimmten Stelle frontal auf ein Haus zusteuerte, das die Aufschrift „Carpe Diem“ trug, also „Nutze den Tag“. Mit dieser täglichen Botschaft konnte ich damals kaum etwas anfangen, da dies zu einer Zeit war, in der ich mit einem versteinerten Herzen mein Unwesen trieb und täglich damit beschäftigt war, dem wahrem Leben auf irgendeine Weise zu entfliehen.

„Nutze den Tag“, was sollte diese Aufforderung für einen Sinn haben? Für wen war er nützlich? Ging es um einen bestimmten Tag? Galten diese Worte mir, oder waren sie für jemand anderen bestimmt, oder gar für alle, die an diesem Haus vorbeifuhren? Welche Beweggründe hatte der Hauseigentümer, diese Worte an der Fassade seines Hauses anbringen zu lassen?

Ich habe diesen Spruch zwar fast täglich gelesen, aber verstanden habe ich ihn kaum oder gar nicht. Mit Gottes Hilfe und fortschreitender Zeit habe ich den Eindruck, es nun klarer zu sehen und zu verstehen. Ja, mit Gottes Hilfe kann man besser sehen und verstehen.

Viele von uns leben so, als wäre dieses Leben hier auf der Erde unendlich. Doch dem ist nicht so, wie manche von uns vielleicht schon bitter erfahren mussten. Eine niederschmetternde Diagnose oder ein verheerender Telefonanruf, und das Leben ist nicht mehr, wie es einmal war. Wer kennt sich nun aus mit der Zeit? Wer hat sie begrenzt? Wem vertrauen wir unsere kurze Lebenszeit an? Wer ist überhaupt der Spender allen Lebens?

Gibt es vielleicht sogar eine Ewigkeit? Gibt es eine Zeit, in der die Zeit nicht mehr beschränkt ist – eine grenzenlose Zeit? Es wird Zeit, sich mit der Zeit zu beschäftigen und sich mehr und mehr bewusst zu werden, wie wertvoll, wie kostbar doch jeder Augenblick ist.

Ich habe mich einmal ein wenig erkundigt, mit was ein durchschnittlicher Mensch in Deutschland mit einer durchschnittlichen Lebensdauer von etwa 81 Jahren so seine Zeit verbringt:

- 24 Jahre und 4 Monate verbringt er mit Schlafen.
- 51 Stunden pro Woche (20 davon beruflich bedingt) sind wir online – etwa 24 Jahre verbringen wir also im Internet.
- 12 Jahre schauen wir in das TV-Gerät.
- Etwa 1 Jahr unseres Lebens befinden wir uns im Badezimmer.
- 12 Jahre wird geredet.
- 8 Jahre wird gearbeitet.
- 5 Jahre essen wir.
- 2 Jahre und 6 Monate sitzen wir im Auto.
- 1 Jahr und 10 Monate gehören der Schul- und Weiterbildung.
- 1 Jahr und 7 Monate treiben wir Sport.
- 16 Monate wird die eigene Wohnung gereinigt.
- 12 Monate wendet der Deutsche dafür auf, Kino, Theater oder Konzerte zu besuchen,
- 9 Monate wird gewaschen und gebügelt.
- 9 Monate wird mit den eigenen Kindern gespielt.
- 2 Wochen wird gebetet.[1]

Krass, wenn man sich das so anschaut! Vielleicht wird einem dadurch manches bewusst und lässt einen eher darüber nachdenken, die Zeit mit mehr Sinn zu füllen.

14 Tage Zeit fürs Beten? Im ganzen Leben?

Das bedeutet dann wohl auch, dass weniger Menschen einen Gottesdienst besuchen. Ich habe da mal eine bedeutende Beobachtung gemacht, und zwar die eines außergewöhnlichen Gottesdienstes:

---

[1] Quelle: P.M.-Magazin.

Es ist unbeschreiblich. Sie kommen von überall her.
Die ganze Woche fiebern sie ihrem speziellen Gottesdienst entgegen.
All die Sorgen, die Entbehrungen, die Mühen der vergangenen Woche fühlen sich mit Blick auf ihr besonderes Event leichter an. Sämtliche Ängste und Belastungen der vergangenen Tage wurden besser ertragen, wenn man an den bevorstehenden Gottesdienst dachte.
Sie nehmen lange Wege auf sich, um dabei zu sein. Sie nehmen sich für diesen besonderen Gottesdienst Zeit. Aus lauter Vorfreude ziehen sie singend durch die Straßen.
Sie wollen keine Minute zu spät kommen. Es ist eine heilige Zeit. Viele sind schon lange da, bevor es offiziell beginnt. Keiner wagt es, zu spät zu kommen.
Als es losgeht, kennt die Freude keine Grenzen. Sie erheben die Hände, viele klatschen ungeniert.
Nicht wenige sind tief ergriffen und weinen sogar, und ein Großteil hüpft und tanzt vor Freude.
Dieser Gottesdienst verbindet. Sie liegen sich in den Armen. Sie sind treu. Sie stehen und bekennen sich zu Ihrer Liebe.
Sie schämen sich nicht für ihr Klatschen, für ihre Tränen, für ihren Gesang. Nein, sie sind standhaft und treu in ihrem Glauben.
Sie stehen zu ihrer Liebe und nehmen nicht selten sogar Angriffe dafür in Kauf.
Es mag wohl Menschen geben, die sie als fanatisch bezeichnen, doch das ist ihnen egal. Die Gemeinde hält zusammen, gibt Sicherheit und Geborgenheit. Teil der Gemeinde zu sein, macht stark. Woche für Woche loben sie ihren Gott. Kein Weg ist ihnen zu weit, keine Kosten sind zu hoch.
Die Lieder drücken ihre ganze Liebe aus. Sie schämen sich nicht, lautstark zu singen. Ihr Herz gibt ihnen den Rhythmus vor, ja, sie folgen ihrem Herzen.
Sie bekennen ihren Glauben durch Autoaufkleber. Sie sprechen über ihren Glauben bei vielen Gelegenheiten, am Arbeitsplatz, in der Freizeit und zu Hause. Sie können nicht anders, sie folgen einfach nur ihrem Herzen. Es ist ihnen egal, was die Leute

denken, sie stehen zu ihrem Glauben, zu ihrer Liebe.
Woche für Woche sind sie dabei. Oft sind die Gottesdienste überfüllt, sodass selbst draußen noch Massen von Menschen stehen. Diese Gottesdienste werden regelmäßig im TV übertragen, und das sogar in viele Länder.
Keiner will etwas verpassen, unendlich viele wollen dabei sein. Groß und klein vereint, sie ist unbeschreiblich, diese Einheit. Ihre Lobgesänge sind weit außerhalb des Gottesdienstes zu hören. Voller Inbrunst singen sie ihre Lieder, Jung und Alt. Ihr Gott verbindet, macht stark, treibt sie an zu hüpfen und zu tanzen. Ihr Gott ist es ihnen wert, angefeindet zu werden. Ihr Gott bringt sie alle zusammen: jung und alt, arm und reich, verschiedene Nationen, Akademiker und Arbeiter; sie sind eins. Sie schwenken ihre Fahnen und erheben ihre Banner. Sie bekennen ihren Gott immer und überall.
Es ist ihr Fußballgott. Kein Weg ist für ihn zu weit. Kaum ein Preis zu hoch. Ihre Gemeinde ist die Fangemeinde. Ihre Gesänge, sind die Fangesänge.
Es ist ein ganz normales Fußballspiel, in einem ganz gewöhnlichen Fußballstadion.

Dies ist mir in meinen wenigen Besuchen in diversen Fußballstadien aufgefallen. Ich verurteile dies in keiner Weise, ich finde die Atmosphäre auch total toll. Aber es ist schon faszinierend, dass dafür kein Weg zu weit und oft kein Preis zu hoch ist. Da schämt man sich nicht, miteinander zu weinen oder zusammen herumzuhüpfen und zu singen.

Dagegen wird jemand, der sich so für Gott begeistert, nicht selten als Spinner bezeichnet, vielleicht sogar von Leuten, die dasselbe für ihren Lieblingsverein tun würden.

Aber bleiben wir bei der Zeit, die uns noch bleibt, um sie noch mehr zu schätzen.

Es kommt nicht darauf an, dem Leben mehr Jahre zu geben,
sondern den Jahren mehr Leben (Alexis Carrel).

Was ist nun zu tun mit der Zeit? Wie füllen wir sie denn sinnvoll? Wer kann uns da die richtigen Antworten geben?

Gibt es denn einen besseren Fachmann, den wir nach der Zeit fragen könnten, als Gott selbst?

Manchmal fragen wir unsere Mitmenschen: „Wie spät ist es?"

Wie spät ist es eigentlich mit dieser Welt? Wie spät ist es auf deiner persönlichen Lebensuhr? Keiner von uns weiß, wann seine Zeit abgelaufen ist. Da wägt sich manch einer noch im Frühling seines Lebens, bevor ihm ein Geisterfahrer entgegenkommt oder er eine Kurve falsch nimmt oder einfach zum falschen Zeitpunkt am falschen Ort ist.

Ich habe mir ein wenig Zeit genommen, um in der Bibel zu schauen, was Gott uns Wertvolles über die Zeit zu sagen hat.

Schön, dass *du* dir Zeit genommen hast, dieses Buch zu lesen und dir jetzt die Verse über die Zeit anzusehen. Nein, in Wahrheit hast du dir diese Zeit nicht einfach genommen, sondern sie wurde dir geschenkt.

Ein jegliches hat seine Zeit,
und alles Vorhaben unter dem Himmel hat seine Stunde (Prediger 3,1).

So demütigt euch nun unter die gewaltige Hand Gottes,
damit er euch erhöhe zu seiner Zeit (1. Petrus 5,6).

Lasst uns aber Gutes tun und nicht müde werden;
denn zu seiner Zeit werden wir auch ernten,
wenn wir nicht nachlassen (Galater 6,9).

So seht nun sorgfältig darauf, wie ihr euer Leben führt,
nicht als Unweise, sondern als Weise,
und kauft die Zeit aus, denn die Tage sind böse
(Epheser 5,15-16).

Denn ich bin überzeugt, dass dieser Zeit Leiden
nicht ins Gewicht fallen gegenüber der Herrlichkeit,
die an uns offenbart werden soll (Römer 8,18).

Ich will sie und alles, was um meinen Hügel her ist,
segnen und auf sie regnen lassen zu rechter Zeit.
Das sollen gnädige Regen sein (Hesekiel 34,26).

Der HERR ist gütig und eine Feste zur Zeit der Not
und kennt, die auf ihn trauen (Nahum 1,7).

Verkünde das Wort Gottes.
Halte durch, ob die Zeit günstig ist oder nicht.
In aller Geduld und mit guter Lehre
sollst du die Menschen zurechtweisen, tadeln und ermutigen!
(2. Timotheus 4,2 NLB).

Er hat alles schön gemacht zu seiner Zeit,
auch hat er die Ewigkeit in ihr Herz gelegt;
nur dass der Mensch nicht ergründen kann das Werk,
das Gott tut, weder Anfang noch Ende (Prediger 3,11).

Darum, solange wir noch Zeit haben,
lasst uns Gutes tun an jedermann,
allermeist aber an des Glaubens Genossen (Galater 6,10).

Der Gott aller Gnade aber,
der euch berufen hat zu seiner ewigen Herrlichkeit in Christus,
der wird euch, die ihr eine kleine Zeit leidet,
aufrichten, stärken, kräftigen, gründen (1. Petrus 5,10).

Verhaltet euch weise gegenüber denen, die draußen sind,
und kauft die Zeit aus.
Eure Rede sei allezeit wohlklingend und mit Salz gewürzt,
dass ihr wisst, wie ihr einem jeden antworten sollt
(Kolosser 4,5-6).

Darum lasst uns freimütig hinzutreten
zu dem Thron der Gnade,
auf dass wir Barmherzigkeit empfangen
und Gnade finden und so Hilfe erfahren zur rechten Zeit
(Hebräer 4,16).

Und ihr werdet sagen zu der Zeit:
Danket dem HERRN, rufet an seinen Namen!
Machet kund unter den Völkern sein Tun,
verkündiget, wie sein Name so hoch ist! (Jesaja 12,4).

Er hat uns selig gemacht und berufen mit einem heiligen Ruf,
nicht nach unsern Werken,
sondern nach seinem Ratschluss und nach der Gnade,
die uns gegeben ist in Christus Jesus vor der Zeit der Welt
(2. Timotheus 1,9).

Fragt nach dem HERRN und nach seiner Macht,
sucht sein Antlitz allezeit! (Psalm 105,4).

Ein jegliches hat seine Zeit,
und alles Vorhaben unter dem Himmel hat seine Stunde:
Geboren werden hat seine Zeit, sterben hat seine Zeit;
pflanzen hat seine Zeit,
ausreißen, was gepflanzt ist, hat seine Zeit;
töten hat seine Zeit, heilen hat seine Zeit;
abbrechen hat seine Zeit, bauen hat seine Zeit;
weinen hat seine Zeit, lachen hat seine Zeit;
klagen hat seine Zeit, tanzen hat seine Zeit;
Steine wegwerfen hat seine Zeit, Steine sammeln hat seine Zeit;
herzen hat seine Zeit, aufhören zu herzen hat seine Zeit;
suchen hat seine Zeit, verlieren hat seine Zeit;
behalten hat seine Zeit, wegwerfen hat seine Zeit,
zerreißen hat seine Zeit, zunähen hat seine Zeit;
schweigen hat seine Zeit, reden hat seine Zeit;
lieben hat seine Zeit, hassen hat seine Zeit;
Streit hat seine Zeit, Friede hat seine Zeit.

Man mühe sich ab, wie man will,
so hat man keinen Gewinn davon.
Ich sah die Arbeit, die Gott den Menschen gegeben hat,
dass sie sich damit plagen.
Er hat alles schön gemacht zu seiner Zeit,

auch hat er die Ewigkeit in ihr Herz gelegt;
nur dass der Mensch nicht ergründen kann das Werk,
das Gott tut, weder Anfang noch Ende.
Da merkte ich, dass es nichts Besseres dabei gibt
als fröhlich sein und sich gütlich tun in seinem Leben.
Denn ein jeder Mensch, der da isst und trinkt
und hat guten Mut bei all seinem Mühen,
das ist eine Gabe Gottes.
Ich merkte, dass alles, was Gott tut, das besteht für ewig;
man kann nichts dazutun noch wegtun.
Das alles tut Gott, dass man sich vor ihm fürchten soll.
Was geschieht, das ist schon längst gewesen,
und was sein wird, ist auch schon längst gewesen;
und Gott holt wieder hervor, was vergangen ist
(Prediger 3,1-15).

Wie wunderbar: Er, der deine Vergangenheit, Gegenwart und Zukunft kennt, liebt dich und meint es aus dieser Liebe heraus so gut mit dir.

Bevor ich dieses Kapitel schließe, habe ich mir noch ein paar Gedanken gemacht, die ich gerne mit euch teilen möchte (ihr wisst ja nun, dass ich gerne Fußball spiele):

Wenn ich mir ein Fußballspiel anschaue, fällt mir besonders die hektische Betriebsamkeit gegen Ende des Spiels auf. Da merkt eine Mannschaft, dass die Zeit knapp wird und hofft auf eine großzügige Nachspielzeit. Nicht selten ist das Entsetzen groß, wenn diese kürzer ausfällt als erhofft. Doch diese Nachspielzeit hat es in sich. Hektik bricht aus, die Spielphilosophie wird gänzlich über Bord geworfen. Einwürfe, Freistöße und Eckbälle werden unter Hochdruck ausgeführt. Nicht selten gibt es gröbere Fouls und kleinere Handgemenge. Der Blutdruck geht rauf. Immer und immer wieder geht der Blick nach oben an die große Anzeigentafel, um zu prüfen, wie viel Zeit noch bleibt. Was passiert nach dem Schlusspfiff? Ablehnung, Kritik und Unzufriedenheit?

Würde unser Herzensblick doch viel öfter nach oben gehen und unser Herz nur nach oben gerichtet sein!

Ich persönlich habe das Gefühl, dass sich die ganze Welt schon in der Nachspielzeit befindet und so mancher Mensch sogar in seiner ganz persönlichen Nachspielzeit. Hektik bricht aus. Was passiert, wenn der Schlusspfiff ertönt? Ist dann alles aus? Tief in unserem Herzen wissen wir, dass es so nicht ist. In den letzten Jahren verbrachte ich immer wieder sehr wertvolle Zeit mit Menschen in ihrer Nachspielzeit – kurz vor ihrem Schlusspfiff.

Wenn ich mir all die zwischenmenschlichen Konflikte und die aktuellen Kriege in der Welt anschaue, dann spüre ich die Angst der Welt vor dem Schlusspfiff. Hektik bricht aus. Man wirft seinen Lebensplan über den Haufen und greift nach jedem Strohhalm, der etwas Gutes verspricht, nur um kurz vor dem Schlusspfiff festzustellen, dass all das auch nicht den Frieden brachte, wonach man sich so sehnte.

Manchmal geht der Blick nach oben, um zu erhaschen, wie viel Zeit noch bleibt.

Manchmal verschlafen wir unsere 90 Minuten und stellen am Ende fest, dass wir die Spielzeit „verspielt" haben.

Ich gehöre auch zu jenen, die den Großteil ihrer Spielzeit „verspielt" haben. Ich kann die Fouls, das falsche Konzept und die Einstellung nicht mehr ändern. Viele meiner Mitspieler habe ich enttäuscht. Und doch weiß ich, wohin ich gehe, wenn der Schlusspfiff ertönt. Der himmlische Papa steht am Spielfeldrand und jubelt mir zu. Ich grätsche, köpfe und renne, um ihm eine Freude zu machen. Wenn ich verliere, tröstet er mich, wenn ich gewinne, freut er sich mit mir, und wenn ich versage, richtet er mich wieder auf. Wenn das Spiel zu Ende ist, steht er mit ausgebreiteten Armen da und empfängt mich; dann gehe ich nach Hause.

Meistens wissen wir nicht, ob unsere Nachspielzeit schon angebrochen ist.

90 Prozent aller Menschen sterben in einem Bett. Dort werden die Dinge bereut, die man nie getan hat ... Dort sehnt man

sich nach Vergebung, nach Liebe – sie auszusprechen und auch zu hören. Dort ist oft eine unbeschreibliche Sehnsucht nach Gott ... Es wird klar, was wir nicht nur in der Nachspielzeit brauchen, sondern heute im Hier und Jetzt.

Draußen auf der Tribüne toben die Menschen, sie verzeihen oft keine Niederlagen, meist zählen nur die Siege, und selbst Erfolge sind schnell wieder vergessen.

Was ist, wenn dein Schlusspfiff ertönt? Wenn dein Konzept dich am Ende nicht tröstet? Wenn die Hektik aufkommt?

Ich wünsche uns allen den Frieden, den diese Welt nicht geben kann – heute noch. Denn schon heute kann der Schlusspfiff ertönen ...

Jesus kam vor 2000 Jahren mitten in das Sterben der Welt hinein. Irgendwie habe ich die persönliche Hoffnung, ja sogar die Gewissheit, dass er persönlich in jedes Sterben hineinkommt, weil er selbst persönlich für jeden gestorben ist.

Unsere Uhr tickt, lasst uns die Zeit nutzen!

Carpe Diem – nutze den Tag!

Meine Zeit steht in deinen Händen (Psalm 31,16).

18 – Träume und Erfolg

Genau diese beiden Dinge wünsche ich dir nicht. Ja, du hast richtig gelesen, ich wünsche dir weder, dass deine Träume in Erfüllung gehen, noch dass du Erfolg haben sollst – jedenfalls nicht so, wie Menschen Träume und Erfolg definieren.

Als junger Mann träumte ich davon, es meinem Vater zu beweisen. Er sollte sehen, wie unrecht er doch mit seinen Prognosen für mein Leben hatte.

Ich träumte davon, eines Tages einen schwarzen Gürtel zu haben. Und eine eigene Kampfsportschule. Ich wollte etwas im Sicherheitsdienst erreichen und hatte noch tausend weitere Träume. Sie wurden alle wahr, aber ich war keineswegs glücklich. Denn meine Träume waren nicht die Träume meiner kleinen Familie. Ich war von Lebenswunden erblindet und sah nicht, was meine erste Frau und mein Sohn gebraucht hätten. Ihr kennt ja vielleicht das kleine „Gebet“: „Ich, mich, meiner, mir – HERR, segne diese vier!“ Ja, so lebte ich zum Großteil. Ich bat weder Gott darum, dass sein Wille geschehen möge, noch fragte ich meine Familie nach ihren Bedürfnissen.

Du kannst mir glauben, ich lebte meine Träume, aber sie passten nicht zu Gottes Vorstellung für mein Leben. Meine gelebten Träume zerstörten vieles und verhinderten sogar manches Mal, dass sich etwas Gutes entfalten konnte.

Und was ist mit Erfolg? Ich habe in meinem Leben viele erfolgreiche Menschen getroffen. Ich erlebte sie hinter den Scheinwerfern, Backstage und ungeschminkt. Die meisten waren allerdings nicht glücklich.

Wenn du glücklich bist, wünsche ich dir, dass du es auch bleibst, und ansonsten wünsche ich dir, dass du glücklich wirst.

Was ist Glück?

Gott nahe zu sein, ist mein Glück (nach Psalm 73,28).

So einfach ist es also, Glück zu definieren. Sind es nicht auch Verliebte, die dies einander sagen: „Ich brauche nur dich zu meinem Glück“ oder: „Du bist mein ganzes Glück“?

So möchte Gott dein ganzes Glück sein. Was für eine Liebe! Schauen wir noch ein wenig tiefer, was die Bibel noch alles über das Glück bzw. über das Glücklichsein berichtet:

Du zeigst mir den Weg, der zum Leben hinführt.
Und wo du bist, hört die Freude nie auf.
Aus deiner Hand kommt ewiges Glück (Psalm 16,11 NeÜ).

Wer auf das Wort achtet, findet Gutes,
und glücklich der, der dem HERRN vertraut!
(Sprüche 16,20 ELB).

Wie glücklich die, die ein reines Herz haben!
Sie werden Gott sehen (Matthäus 5,8 NeÜ).

Wie glücklich ist der, dem die Verfehlung vergeben
und die Sünde zugedeckt ist (Psalm 32,1 NeÜ).

Wie glücklich ist jeder, der Jahwe mit Ehrfurcht begegnet
und auf den Wegen geht, die Gott ihm weist!
(Psalm 128,1 NeÜ).

Wie beneidenswert glücklich ist der,
der nicht auf den Rat von Gottlosen hört,
der sich an Sündern kein Beispiel nimmt
und nicht mit Spöttern zusammensitzt (Psalm 1,1 NeÜ).

So wünsche ich dir, dass du nach Gottes Willen fragst.

- Er hat dich geschaffen.
- Niemand kennt dich besser als ER.
- Niemand liebt dich mehr als ER.
- Keiner weiß besser, was wirklich gut für dich ist, als ER.

ER erfülle dir, was dein Herz wünscht und lasse deine Pläne gelingen (Psalm 20,5 NLB).

Ach ja, und das sollst du auch noch wissen, was ER für dich möchte:

Ich will dein Glück und nicht dein Unglück.
Ich habe im Sinn, dir eine Zukunft zu schenken
(nach Jeremia 29,11 GNB).

Ergreife diese Liebe, halte dich an Gott und bitte ihn, dich für immer zu halten.

Diese Entscheidung zu treffen, ist das größte Glück und der größte Erfolg.

19 – Es gibt ein Zuspät

Vor etwa 30 Jahren besuchte ich mit einem Freund das Münchner Oktoberfest. Zum ersten Mal war ich damals auf dem größten Volksfest der Welt; der Junge vom Land in der Weltstadt München auf diesem gigantischen Fest.

Irgendwie waren wir so fasziniert, dass wir die Uhrzeit nicht mehr im Blick hatten und schließlich unseren letzten Zug verpassten. Da standen wir beide, kaum noch Geld in den Taschen. Was nun? Wie kommen wir nach Hause? Wo verbringen wir die Nacht? Nach einer Weile mussten wir den Tatsachen ins Auge sehen. Wir kamen in dieser Nacht nicht mehr heim und hatten auch kein Geld, um uns ein Hotel zu leisten. Es war eine kalte Nacht. Wo sollten wir hingehen? Wo könnten wir eine warme Schlafstätte finden?

Wir ärgerten uns so sehr. Hatten wir uns doch notiert, wann und auf welchem Gleis der letzte Zug in Richtung Heimat fuhr. Doch der ganze Trubel, die vielen Menschen, die (Irr)Lichter ließen uns den letzten Zug, die Heimfahrt, vergessen.

Da standen wir mitten in der Nacht am Münchner Hauptbahnhof. Aufgeregt fragten wir nach, ob nicht doch noch ein Zug fahre. Nein, es war zu spät, wir hatten den allerletzten Zug verpasst.

So beschlossen wir, in die U-Bahn-Station zu gehen, um dort auf irgendeiner Wartebank zu schlafen. Dort war es einigermaßen warm und der einsetzende Regen konnte uns nichts anhaben. Wir stiegen also in die Münchner „Unterwelt" ab. Da lagen wir nun, ein jeder hatte seine eigene harte Bank. Wenige Augenblicke später hörten wir ein paar halbstarke Jugendliche, die es sich ebenfalls in der Unterwelt gemütlich machen wollten. Sie besetzten die nächste Bank, nur wenige Meter von uns entfernt. Ziemlich müde und kaputt schaute ich zu dieser Horde hinüber und bemerkte, dass sie mit ihren Messern spielten.

Oh, Mann, da lagen wir mitten in der Nacht in einer U-Bahn-Station, es war kalt, wir waren müde und kaputt, und nun kamen diese Jungs noch und fuchtelten mit ihren Messern herum. Panisch rüttelte ich meinen Kumpel am Oberarm:

„Günther, schau mal! Sie haben Messer!"

Völlig übermüdet und fast gleichgültig murmelte er: „Ich habe noch 30 Mark in der Tasche, ich lege sie neben mich. Die können die Jungs haben, dann müssen sie uns nicht ausrauben." Hatte er das wirklich gerade gesagt? Nein, so konnte ich meine Augen nicht schließen.

Ich gab keine Ruhe, denn ich hatte keine Ruhe in mir, und so konnte ich meinen Kumpel dazu bewegen, die U-Bahn wieder zu verlassen. Es war sehr kalt, aber zumindest hörte der Regen auf und wir verbrachten den Rest der Nacht in einem Park.

Was können wir aus der kleinen Geschichte lernen? Ja es gibt ein Zuspät. Auch Busse, Züge und Flugzeuge verspäten sich. Manche Sterbende sagten mir, sie hätten sogar ihr Leben verpasst.

Können wir auch die Ewigkeit, ja, Gott selbst verpassen? Ein heikles Thema. Pastor Wilhelm Busch wurde einmal vorgeworfen, so mancher Pfarrer würde mit der Hölle drohen. „Tun sie das?", fragte er und meinte dann, dass er selbst das nicht täte, denn er speche von der Schönheit Gottes und dem Himmel – die Hölle würde jeder Mensch selbst wählen. Gibt es sie? Was ist die Hölle?

Ich bin ja kein Theologe, aber ich denke, dass die Hölle, also die Dunkelheit, nur die Abwesenheit von Licht, also Liebe ist. Die Hölle habe ich selbst schon im Kleinen des Öfteren erlebt, überall dort, wo man Gott nicht haben wollte.

Vor einiger Zeit hatten wir eine kleine Feier bei uns zu Hause, und wir luden eine Menge Leute ein. Viele sind der Einladung gefolgt, und manche halt nicht. Alle waren herzlich willkommen. Jene, die nicht kamen, liebe ich auch, aber es war deren alleinige Entscheidung, nicht zu kommen. Ich als Gastgeber kann nur einladen. Ich kann nicht für andere entscheiden, ob sie kommen oder nicht.

Vor Jahren war ich einmal mit meiner Tochter auf dem Friedhof. Nachdem sie sich umgeschaut hatte, fragte sie mich, ob alle Menschen, die sterben in den Himmel kommen. Nachdenklich gab ich ihr zur Antwort, dass ich das nicht denke.

Sie grübelte eine Weile und sagte dann: „Papa, es ist schon irgendwie komisch. Wieso wollen Menschen mit Gott für immer im Himmel zusammen sein, wenn sie ihn auf der Erde gar nicht liebhaben und keine Zeit mit ihm verbringen wollen?"

Was für eine Weisheit von einem kleinen Mädchen, meinem geliebten Kind.

Ich glaube fest, dass es einen Himmel gibt. Allein schon die Zeit mit vielen Sterbenden, ihren Gedanken und Gefühlen, machen mich absolut sicher. Jesus selbst kam vom Himmel und hat uns so viel über diesen wunderbaren Ort berichtet. Ich glaube Jesus von ganzem Herzen. Meine geliebte Oma sah im Sterben ihren Heiland, nie werde ich ihr Strahlen, ihr Leuchten im Gesicht und ihre Worte vergessen.

Ich persönlich habe mich entschieden, diese himmlische Einladung anzunehmen und möchte am liebsten der ganzen Welt von dieser „guten Nachricht" berichten. Ich möchte diese Einladung vom Himmel in den Himmel mit allen teilen.

Die eine Nacht damals in München, der verpasste Zug, die Kälte, die Dunkelheit und die Gefahren, war zwar keine Tragödie, aber ich möchte das Wichtigste nicht verpassen. Ich möchte den Himmel, ja, Gott selbst, nicht verpassen. Deshalb habe ich die Einladung angenommen. Der Erlöser selbst hat das Ticket dazu gelöst. Damals in München hatte ich kein Geld, nichts, um mir eine Unterkunft zu leisten. Ich habe auch nichts aufzuweisen, durch das ich mir den Himmel verdient hätte. Den Preis für das himmlische Ticket hat Jesus voll und ganz bezahlt, für dich und für alle Menschen, welche die Einladung annehmen. Es ist kostenlos, ein Geschenk.

Ein Geschenk aus Gnade. Jetzt schreibe ich wie selbstverständlich das Wort „Gnade“. Ich werde später noch ein bisschen mehr darauf eingehen. „Gnade“ ist wohl der große Unterschied zu allen Religionen, zu allen Weltanschauungen.

Der Theologe Paul Tillich beschrieb Gnade so:

> Die göttliche Gnade trifft uns, wenn wir in großer Qual und Unruhe sind. Sie trifft uns, wenn wir durch das finstere Tal eines sinnlosen und leeren Lebens gehen.
> Sie trifft uns, wenn wir fühlen, dass wir ein anderes Leben verletzt haben, ein Leben, das wir liebten oder von dem wir entfremdet waren.
> Sie trifft uns, wenn der Ekel an unserem eigenen Sein, an unserer Gleichgültigkeit, unserer Schwachheit, unserer Feindseligkeit, unserem Mangel an zielbewusstem Leben unerträglich geworden ist.
> Sie trifft uns, wenn Jahr für Jahr die Vollendung unseres Lebens ausbleibt. Wenn die alten Mächte in uns herrschen, wenn die Verzweiflung alle Freude und allen Mist zerstört.
> Zuweilen bricht in einem solchen Augenblick eine Welle von Licht in unsere Finsternis ein, und es ist, als ob eine Stimme sagte: „Du bist dennoch angenommen!“ Dennoch bejaht, bejaht durch das, was größer ist als du und dessen Namen du vielleicht (noch) nicht (tief) kennst.[1]

Als ich diese Zeilen zum ersten Mal las, brauchte ich eine Weile, um diese Worte sacken zu lassen. Seitdem lese ich sie mir immer und immer wieder durch. Vielleicht brauche ich sogar die Ewigkeit, um zu ergreifen bzw. um zu begreifen, was Gnade und Liebe bedeuten.

Was ist nun mit alldem, wo wir zu spät waren? Was ist mit all den Worten, die wir nicht mehr aussprechen können, weil der Mensch, dem wir sie hätten sagen sollen, nicht mehr da

---

[1] Paul Tillich, In der Tiefe ist Wahrheit. Religiöse Reden, 1. Folge, Stuttgart 1952, S. 151 f.

ist? Was ist mit den Umarmungen, die zu schenken wir verpasst haben? Was ist mit der Liebe, die wir nie ausgesprochen und gelebt haben?

Es ist nicht zu spät, Jesus das zu geben, für was es im Leben nun zu spät ist.

Er trug auch den Schmerz für all die Liebe, die wir nie verschenkt haben!

Er ging den Weg für alle Wege, die wir nie gegangen sind!

Er tat aus Liebe alles, wobei wir versagt haben!

Wofür wir uns eingestehen und bereuen, dass es nun zu spät ist, dafür ist jetzt der richtige Zeitpunkt, ihm dies zu bekennen. Er hat schon längst dafür bezahlt. Befreie dich von allem Schweren, was du nicht getan hast und was dich hier noch gefangen hält.

Wenn euch nun der Sohn frei macht, so seid ihr wirklich frei (Johannes 8,36).

Ich schreibe diese Zeilen am 5. Mai, an meinem Hochzeitstag. In meinem Leben gab es oft ein Zuspät. Sehr eindrücklich werde ich an diesem besonderen Tag daran erinnert.

Ich hatte meinen Papa nicht zur Hochzeit geladen. Es hatte wieder einmal Streit gegeben, wie so oft zwischen uns beiden. So stand für mich fest, dass er an diesem 5. Mai 2007 nicht zu unserer Hochzeit kommen durfte. Ich glaube, ich war damals froh, einen Grund gefunden zu haben, um ihn nicht einzuladen. Ich schämte mich für ihn, er war mir peinlich.

Es fällt mir sehr schwer, diese Zeilen zu schreiben, auch wenn ich weiß, dass mir Gott und mein Papa vergeben haben.

Die Hochzeit fand in meiner Heimat statt. Die Kirche, die Gäste, das Auto, alles und alle waren festlich geschmückt. Selbst entfernte Bekannte waren eingeladen, doch ausgerechnet mein Papa nicht. Ich wollte den Störenfried nicht. „Störenfried“, jemand also, der den Frieden stört. Wie oft allerdings wurde in *seinem* Leben *sein* Friede gestört ... In Kriegszeiten, als er noch ein kleines Kind war, hatte man bereits auf ihn und seine Oma geschossen. Sein Vater hatte ihm auch oft „eine geschossen“, wenn wir schon bei diesem Wort sind. So oft wollte man ihn nicht haben, und nun wollte sein eigener Sohn ihn nicht haben.

Nach der kirchlichen Trauung fuhren wir in die Stadt zu unserem Restaurant, wo die anschließende Feier stattfand. Auf dem Weg dorthin drehten wir noch eine Stadtrunde. Da sah ich ihn, den Störenfried, meinen Vater, am Straßenrand stehen, nicht weit weg von unserem Restaurant. Wir fuhren an ihm vorbei. Er schaute zu mir, und ich schaute in die andere Richtung. Während ich gerade nach Worten suche, laufen meine Tränen, mein Blick ist getrübt. Sein damaliger Blick war traurig. Doch ich war blind und sah seine Trauer, seine Sehnsucht nicht. So fuhren wir an ihm vorbei. Da wir aber eine Runde drehten, kamen wir etwa zwei Minuten später nochmals an ihm vorüber, und wieder schaute ich weg. Ach, würden wir doch noch einmal diese Runde drehen, ich würde sie mit ihm drehen!

Ich verdrängte die Anwesenheit meines Papas und ging ins Lokal. Später sah ich, wir er zum Fenster hereinschaute. Er sah festlich gedeckte Tische mit Namensschildern, doch auf keinem stand sein Name. Er war damals nicht willkommen an meinem Tisch. Die Musik drang nach draußen auf die Straße, zu ihm. Was mag er wohl gedacht haben? Was mag er gefühlt haben?

Es gibt ein Zuspät. Ich habe es erlebt. Mach du nicht denselben Fehler wie ich.

Gerade fahre ich in Gedanken durch mein Städtchen und betrete noch einmal den festlich gedeckten Saal. Wie gerne würde ich mit dir durch unsere Heimat fahren, Papa, dich zu deinem Platz führen, an dem ein Kärtchen mit deinem Namen steht: „Gebhard Stahl – mein Papa“. Dann würde ich dich voller Stolz vorstellen, so wie ich jede und jeden an diesem 5.5.2007 vorstellte. Ich würde sagen: „Das ist mein geliebter Papa.“

Ach Papa, nun bist du bei Jesus im himmlischen Saal. Du hast Wohnung im Himmel genommen, du bist angekommen. Keiner schießt mehr auf dich, weder mit Kugeln noch mit Worten noch mit abwertenden Gesten. Gott selbst hat dich in seine Hände gezeichnet, dich bei deinem Namen gerufen und dich erlöst. Himmlische Klänge erfüllen den ganzen Himmel. Es wird gelacht und getanzt, und du mittendrin. Du tanzt bestimmt mit deinen Lieben und mit Jesus selbst. Warte noch ein wenig, dann tanzen und lachen wir gemeinsam, Papa. Es war dein Wunsch, dass Menschen sich durch unsere Geschichte versöhnen und Jesus kennen und lieben lernen. Ich hoffe, dass auch dieser Teil unserer Geschichte dazu beiträgt – ich hoffe es und bete dafür.

Nichts können wir nachholen, nichts. Gar nichts lässt sich in diesem Leben nachholen. Wir können aber eine Entscheidung treffen, es ab heute besser zu machen.

Jesus hat mir vergeben. Damals war mein Herz hart. Heute ist das ganz anders. Ich bin froh und dankbar, dass Gott mein Herz verändert hat, mir eine andere Sicht gab und ich über das Versäumte weinen kann und darf.

Gott hat mein Zuspät genommen, er hat mir vergeben und mir ein neues Herz geschenkt.

---

20 – „Feierlichkeiten“

„Kinder, wie die Zeit vergeht“, hört man die Menschen hier und da verwundert sagen. Das hat die Zeit so an sich, dass sie vergeht. Wie Margarine in der heißen Sonne schmilzt sie dahin. Auf Geburtstagsfeiern oder auf Beerdigungen wird man sich dessen noch mehr bewusst. Erst gestern war ich auf der Beerdigung eines alten Bekannten. Mein Sitznachbar, ein 84-jähriger Mann, flüsterte mir nachdenklich zu: „So geht nun einer nach dem anderen.“ Der alte Mann kannte meine Großeltern noch ziemlich gut.

Es ist faszinierend, wie meine Gedanken gerade kreisen. Nun sehe ich wieder meinen Opa vor mir, wie er an einem seiner Geburtstage sein Weinglas erhob, alte Lieder sang und dabei feuchte Augen hatte. Zu Oma und Opa zu gehen, wenn sie Geburtstag hatten, das war feste Pflicht.

Tja, Geburtstage – das ist so eine Sache bei mir. Ich ringe um die richtigen Worte und möchte dir das Ringen nicht vorenthalten.

Meine Mama machte es uns immer so schön, wie es eben ging. Partys wurden nie gefeiert, zu uns wollte sowieso kaum jemand kommen. Oft gab es Kaba, ein Stück Kuchen und ein kleines Geschenk. Doch ich erlebte auch, dass, auf die Frage, was ich zum Geburtstag bekommen würde, mir mein Vater mal ins Gesicht spuckte. Ich war damals noch in der Grundschule, ein kleiner Knirps mit gebrochenem Herzen, zumindest in diesem Moment. Meine Tränen und die Spucke meines Vaters vermischten sich. Beides streckte ich dem Himmel entgegen, Gott sollte sehen, was man mir angetan hat. Es regnete an diesem Tag, der Himmel, Gott selbst, weinte mit mir. Ich weiß es ...

Ich kann mich noch an zwei Kindergeburtstage erinnern, zu denen ich eingeladen war. Beide Feierlichkeiten endeten in einer Katastrophe für mein kleines Herz.

Ein Junge aus meiner Klasse lud mich ein. Er wohnte in einem noblen Haus. Die Feier fand auf der Terrasse statt. Alles war festlich gedeckt. Nach Kuchen und Kaba tobten wir ausgelassen im Garten herum. Vielleicht war ich zu aufgedreht, ich war damals erst neun, denke ich. Jedenfalls verpasste die Mutter meines Klassenkameraden mir eine saftige Ohrfeige. Geschlagen verließ ich das Fest. Was war passiert? Wie konnte es so weit kommen? Ich wollte es ungeschehen machen. Aber dafür war es zu spät. Wenn ich Pech gehabt hätte, hätte mein Vater davon erfahren, und dann hätte ich vielleicht die nächste Ohrfeige kassiert.

Wieder mal nicht gewollt. Wieder einmal geschlagen. Irgendwie war ich wie Freiwild, jeder durfte mich verprügeln. Mein Vater, meine Lehrer, die anderen Kinder und nun sogar deren Eltern.

Der zweite Junge, der mich zu seinem Geburtstag einlud, wohnte nur ein paar Meter von uns entfernt. Damals muss ich so sieben gewesen sein. Ich freute mich, dass ich eingeladen worden war. Ich sehe mich noch an dem Tisch mit all den anderen Kindern sitzen. Gleich war es so weit, dann würde es eine leckere heiße Schokolade und köstlichen Kuchen geben. Mit strengem Blick schaute mich die Mutter des Geburtstagskindes an und fragte mich: „Hast du ein Geschenk für meinen Sohn mitgebracht?"

Ich fühlte mich ertappt. Nein, ich hatte nichts dabei. Ich wurde bloßgestellt und gestand, dass ich nichts hatte. Wie konnte es sein, dass ich ohne Geschenk zu dieser Feier ging? Was hätte ich geben können? Was konnte ich noch sagen oder gar schenken, um das Ganze irgendwie zu retten?

Seine Mutter meinte dann, wenn ich kein Geschenk hätte, müsse ich wieder gehen. So ging ich die wenigen Meter wieder nach Hause und nahm mein einziges Spielzeug, das ich zu dieser Zeit hatte, einen Fahrradfahrer, den man aufziehen konnte und der dann von alleine fuhr, wickelte ihn in ein Zeitungspapier ein und ging traurig zum Fest. Dieses Geschenk war meine Eintrittskarte zur Feier.

Als die Feier zu Ende war und ich wieder zu Hause ankam, fühlte ich mich so unendlich schlecht. Irgendwie nie so richtig willkommen zu sein, tat weh. Hätte ich ihm nur gleich mein einziges Spielzeug gegeben, dann wäre mir die Scham erspart geblieben. Oder ich wäre erst gar nicht hingegangen. Die Tage darauf vermisste ich den kleinen Fahrradfahrer sehr.

Irgendwie habe ich mir damals Freundschaft gekauft, auf gewisse Weise mich selbst verkauft. Wie oft tun wir das? Nur um ein wenig dazuzugehören! So viele Gangmitglieder machen Dinge, die sie eigentlich in ihrem Herzen gar nicht wollen, nur um ein Teil der Gruppe zu sein. Aber woraus besteht die Gruppe? Aus vielen Einzelnen, die vielleicht fast alle so fühlen. So tun möglicherweise die meisten etwas, das im Grunde keiner will. Verrückt, nur um irgendwie einen Familienersatz zu haben …

Na ja, ich fühlte mich damals schrecklich. Ich wurde bloßgestellt, verjagt und musste etwas Wertvolles abgeben für eine Tasse Kaba und ein Stückchen Kuchen – genaugenommen, nur um zwei Stunden irgendwie dazuzugehören.

Ja, Geburtstagsfeierlichkeiten waren und sind nicht so mein Ding. Ich habe noch nie eine Feier zu meinem Geburtstag gegeben. Doch welche Ironie – oder auch göttliche Fügung –, du wirst es kaum glauben, aber meine Frau hat am selben Tag Geburtstag wie ich.

Ich selbst bin gewissermaßen noch ein kleines, verletztes Geburtstagskind. Ich weiß nicht, wie ich dies passender ausdrücken könnte. Ich würde mich am liebsten an jedem meiner Geburtstage irgendwo verkrümeln, verstecken, um mit Jesus alleine zu sein.

Gott ist dabei, mein kleines, verletztes Herz gesundzulieben. Es ist noch nicht zu spät dafür, Jesus ist in dieser Hinsicht an meinem Herzen dran. Psychologen behaupten ja, dass Dinge, die wir aussprechen, zu heilen beginnen. Ich denke ich bin auf einem guten Weg. Vielleicht bin ich aber auch nur vom Typ her kein „Feierbiest", wie es der ehemalige Trainer des FC Bayern München, Louis van Gaal, von sich selbst behauptete. Vielleicht ist es einfach meine Art, dass ich nicht so der Feiertyp bin. Na ja, mal schauen, wie sich das bei mir weiterentwickelt.

Man kann zwar mit mir nicht so großartig feiern, aber dafür bin ich da, wenn man mich braucht, wenn die Kacke am Dampfen ist, oder auch wenn alle anderen gegangen sind, dann kann ich ein wenig halten, trösten, beten, umarmen. Ich kenne solche Situationen ja zu genüge.

Warum wundern wir uns eigentlich so sehr über die Tatsache, dass die Zeit so schnell vergeht? Gehört dies doch zu unserem Leben einfach dazu. Wundert sich etwa ein Fisch, dass er ständig von Wasser umgeben ist? Über dieses Thema haben ja schon viele schlaue Menschen philosophiert. Vielleicht haben wir dieses Gefühl der vergänglichen Zeit, weil wir für das Hier gar nicht geschaffen sind. Wenn ein Fisch ursprünglich für ein Leben auf Land geplant gewesen wäre, vielleicht würde er sich dann auch über all das Wasser wundern, weil seine Sehnsucht ihn an das Land erinnern würde.

Oder es ist wie bei den Zugvögeln, die zum ersten Mal ihrer Sehnsucht folgen. Sie fliegen in ein Land, in dem sie noch nie waren, wo es wärmer ist. Ich glaube, so ist es auch mit unserer Seele. Sie ist nicht für das Hier geschaffen, sondern für die Ewigkeit, denn eines Tages wird sie in ein anderes Land fliegen, wo es nicht mehr so kalt ist. Unsere Seele, unser ganzes Sein, sehnt sich nach Wärme, nach Ewigkeit, nach Liebe, nach Gott.

> *Die Ewigkeit hat er den Menschen ins Herz gelegt …*
> (Prediger 3,11 NeÜ).

Hier noch ein paar ewige Worte aus dem Buch der Bücher:

> *Und ich gebe ihnen das ewige Leben,*
> *und sie werden nimmermehr umkommen,*
> *und niemand wird sie aus meiner Hand reißen.*
> *Was mir mein Vater gegeben hat, ist größer als alles,*

und niemand kann es aus des Vaters Hand reißen.
Ich und der Vater sind eins (Johannes 10,28-30).

Und die Welt vergeht mit ihrer Lust;
wer aber den Willen Gottes tut, der bleibt in Ewigkeit
(1. Johannes 2,17).

Und das ist das Zeugnis, dass uns Gott das ewige Leben
gegeben hat, und dieses Leben ist in seinem Sohn
(1. Johannes 5,11).

Denn also hat Gott die Welt geliebt,
dass er seinen eingeborenen Sohn gab,
auf dass alle, die an ihn glauben, nicht verloren werden,
sondern das ewige Leben haben (Johannes 3,16).

Das habe ich euch geschrieben,
damit ihr wisst, dass ihr das ewige Leben habt,
euch, die ihr glaubt an den Namen des Sohnes Gottes
(1. Johannes 5,13).

Erforsche mich, Gott, und erkenne mein Herz;
prüfe mich und erkenne, wie ich's meine.
Und sieh, ob ich auf bösem Wege bin,
und leite mich auf ewigem Wege (Psalm 139,23-24).

Und ich hörte eine große Stimme von dem Thron her,
die sprach: Siehe da, die Hütte Gottes bei den Menschen!
Und er wird bei ihnen wohnen,
und sie werden seine Völker sein,
und er selbst, Gott mit ihnen, wird ihr Gott sein;
und Gott wird abwischen alle Tränen von ihren Augen,
und der Tod wird nicht mehr sein,
noch Leid noch Geschrei noch Schmerz wird mehr sein;
denn das Erste ist vergangen (Offenbarung 21,3-4).

Kämpfe den guten Kampf des Glaubens;
ergreife das ewige Leben, wozu du berufen bist
und bekannt hast das gute Bekenntnis vor vielen Zeugen
(1. Timotheus 6,12).

Wer aber von dem Wasser trinkt, das ich ihm gebe,
den wird in Ewigkeit nicht dürsten,
sondern das Wasser, das ich ihm geben werde,
das wird in ihm eine Quelle des Wassers werden,
das in das ewige Leben quillt (Johannes 4,14).

Ich will dich erheben, mein Gott, du König,
und deinen Namen loben immer und ewiglich
(Psalm 145,1).

Ja, auch ich möchte in all meiner Bescheidenheit meinen Gott erheben, seinen Namen loben für immer und ewig. Eben auch mit diesen Zeilen in diesem kleinen Buch, welches du gerade liest.

Dort, in der Ewigkeit, bei Gott, werde ich dann auch endlich feiern. Dort wird es kein Anspucken und keine Ohrfeigen mehr geben. Das Geschenk, das ich mitbringe, ist mein kleines Herz für meinen großen Gott.

21 – Zweifel

Bei all dem Elend, das ich erlebe, dem Leid, das mir zu Ohren kommt, kann ich es nicht verbergen, dass neben meiner Liebe zu Jesus zugleich der „Zweifel" ein ständiger Begleiter ist.

Ich habe mir das nicht ausgesucht, aber ich sah todkranke Kinder bei meinen Einsätzen für krebskranke Kids. Ich kenne Familienschicksale, die so grausam sind, dass mir der Atem stockt. „Wo ist denn dein Gott?", bekomme ich nicht selten zu hören. Ich weiß auch nicht, warum dies und jenes passiert.

Aus eigener Erfahrung kann ich allerdings sagen, dass ich gerade in meinen größten Lebensnöten am wenigsten an ihm zweifle, sondern mir vielmehr bewusst wird, dass ich ihn unbedingt brauche – wie die Luft zum Atmen. So zum Beispiel, als meine Familie diesen schweren Unfall ertragen musste oder als mich aus heiterem Himmel der Herzinfarkt traf.

Ich weiß, dass Gottes Liebe bleibt, auch wenn ich zweifle. Was soll ich hier anderes schreiben, wenn es doch tatsächlich so ist? Gott sieht doch in mein Herz.

Was wir hinter dem Rücken der Menschen verbergen, tun wir vor den Augen Gottes.

Er sieht sowieso alles und schaut sogar bis zum Grunde meines Herzens.

Gottes Liebe ist viel größer als mein Versagen, meine Schuld, meine Ängste und meine Zweifel.

Es tröstet mich ungemein, dass viele Helden in der Bibel mit Zweifeln zu kämpfen hatten. So durfte ich in schweren Zeiten in den Psalmen entdecken, dass ich damit nicht alleine bin. Besonders wichtig wurde mir Psalm 73. Der Psalmist kämpft mit sich, seinen Gedanken und letzten Endes mit seinen Zweifeln, bekennt dann allerdings:

Als es mir wehe tat im Herzen
und mich stach in meinen Nieren,
da war ich ein Narr und wusste nichts,
ich war wie ein Tier vor dir.
Dennoch bleibe ich stets an dir;
denn du hältst mich bei meiner rechten Hand,
du leitest mich nach deinem Rat
und nimmst mich am Ende mit Ehren an.
Wenn ich nur dich habe,
so frage ich nichts nach Himmel und Erde.
Wenn mir gleich Leib und Seele verschmachtet,
so bist du doch, Gott,
allezeit meines Herzens Trost und mein Teil
(Psalm 73,21-26).

Bei allem, was ich nicht verstehe, und das ist das meiste, vertraue ich meinem Gott, dass er zu guter Letzt alles, aber wirklich alles, zum Guten führen wird. Er sammelt alle Tränen und wird sie abwischen. Es wird kein Weinen mehr geben.

Ich muss nicht alles verstehen. Pastor Wilhelm Busch meinte einmal dazu: „Ein Gott, den ich verstehen könnte, das wäre ein kleiner Gott. Im Gegenteil, ich bin so froh, Gott nicht zu verstehen."

Bei einem Vortrag für die Evangelische Kirche durfte ich in einem Zelt über diese Liebe Gottes sprechen. Es war ein heißer Sommerabend irgendwo im Süden Deutschlands. Da stand ein älterer Mann draußen vor dem Zelt. Von Weitem sah ich seine Trauer. Es schien, als hätte er auf mich gewartet.

Dann kam er auf mich zu und sagte: „Danke für deine Worte. Aber ich habe so viele Zweifel in mir."

„Oh, dann sind wir schon zwei", gab ich ihm zur Antwort.

Zu Beginn war er erstaunt, dass auch ich Zweifel hatte. Ich fragte ihn, warum er so traurig sei und weshalb er mit Zweifeln zu kämpfen habe.

Da schüttete mir dieser liebe Mann sein Herz aus. Seine Frau war nach langer, schwerer Krankheit gestorben, und auch er war schwer krank. Mittlerweile standen wir hinter dem Zelt, abseits von allen Leuten. Der alte Mann und ich hielten uns, verborgen vor dem Rest der Menge, in den Armen und weinten zusammen.

Irgendwann fragte ich ihn, ob er Jesus schon in sein Herz eingeladen habe. An diesem Sommerabend beteten wir gemeinsam an diesem Zelt. Als er den Herrn in sein Herz einlud, sagte er mir unter Tränen, er habe eben einen Frieden verspürt, den er noch nie zuvor gespürt habe.

Ein Stückchen der Trauer wich an diesem Abend. Als wir uns verabschiedeten, lächelte er mir zu. Selbst als ich mit meinem Auto wegfuhr, stand er da, winkte mir zu und lächelte dabei.

Diese Geschichte ist schon eine Weile her. Ich denke, dass dieser Mann nun bei Jesus ist, seine Tränen abgewischt wurden und keine Sehnsucht mehr offen ist, ja, dass alle seine Zweifel in Staunen verwandelt worden sind.

Eine andere Geschichte möchte ich noch mit dir teilen. Während einer Mittagspause kam ich einst mit einer Verkäuferin ins Gespräch. Ich hörte davon, dass sie und ihre Familie etwas sehr Schlimmes erleiden musste. Irgendwann mitten im Gespräch fragte ich sie, ob sie an Gott glaube. Resigniert schaute sie mich an und sagte leise: „Michael, bei all dem Schlimmen, was meine Familie und ich durchmachen, kann ich nicht an einen Gott glauben. Nein, den kann es nicht geben. Ich kann nicht an etwas glauben, was es nicht gibt."

Ich fragte sie, ob sie schon einmal einen geliebten Menschen verloren habe. Da fing sie an zu weinen und meinte: „Ja, meine Oma; sie war zugleich meine beste Freundin."

Da fragte ich sie: „Wenn du einen Wunsch frei hättest, was wäre dein Wunsch für deine Oma? Wo soll sie jetzt sein?"

Ich werde nie ihren Blick vergessen. Wir waren draußen. Die Sonne schien. Wir hatten die Augenlider etwas gesenkt, weil die Sonne uns blendete. Wie selbstverständlich antwortete sie: „Im Himmel!"

„Bei wem?", hakte ich nach. „Bei Gott", flüsterte sie fast verlegen, aber doch mit einer absoluten Sicherheit, dass der Himmel dort ist, wo Gott ist.

Gott wird zwar beschuldigt, kritisiert und angegriffen, und mit ihm auch die Menschen, die ihn lieben, doch letztendlich ist er zugleich die Hoffnung, nach der so viele suchen.

Ihm dürfen wir alles geben, alles, was uns schwer ist, sogar unseren Zweifel. Auch wenn der Zweifel kein angenehmer Reisegefährte ist, Gott liebt es, wenn wir bekennen, wie es in unserem Herzen aussieht. Denn die Wahrheit macht uns frei.

Mögen wir unsere Zeit so füllen, damit wir so leben, dass Gottes Liebe mehr und mehr sichtbar und spürbar wird in dieser Welt.

Jesus sagt:

Ich gebe euch jetzt ein neues Gebot: Liebt einander!
Genauso wie ich euch geliebt habe, sollt ihr einander lieben!
An eurer Liebe zueinander werden alle erkennen,
dass ihr meine Jünger seid (Johannes 13,34-35 NeÜ).

22 – Pünktlichkeit

Mitten in einer Lebenskrise besuchte ich 2002 ein Kloster. Ein leichtes Schmunzeln liegt bei dem Wort „Lebenskrise“ gerade auf meinem Gesicht, war doch bis 2007 mein ganzes Leben fast eine einzige Krise, bis zu dem Punkt, an dem ich Versöhnung mit meinem himmlischen Papa und meinem irdischen Papa erleben durfte.

Eine Woche war ich in diesem Franziskanerkloster. Was für eine wertvolle Zeit! Ich kann mich noch gut an einen Abend erinnern, als das Telefon des Klosters klingelte, während wir mitten beim Abendessen waren. Ein Anruf für Bruder Jakob. Im Krankenhaus lag ein alter Mann im Sterben, er möge doch kommen.

Ich beobachtete Bruder Jakob. Ich erwartete, dass er jetzt hektisch den Tisch verlassen würde. Doch nein, alles andere als das. Ruhig aß er weiter. Ich kann diesen Moment nur schwer beschreiben. Er schien zu ahnen, ja, zu wissen, dass er noch Zeit hatte, dieses Abendessen mit seinen Brüdern und mir zu Ende genießen zu können. Ich fragte mich, wie er in aller Seelenruhe hier weiteressen konnte und am Ende vielleicht zu spät zu dem Sterbenden kommen würde.

Neugierig fragte ich ihn: „Bruder Jakob, musst du nicht sofort gehen?“

Ruhig und bedacht gab er mir zu Antwort: „Lieber Michael, alles hat seine Zeit. Jetzt ist es Zeit, mit euch am Tisch zu sein. Dann wird es eine Zeit geben, um für den Sterbenden da zu sein. Gott schenkt beides.“

Ich war beeindruckt von seiner Sicherheit. Eine Sicherheit, die ich bis dahin gar nicht kannte. Nachdem das Abendessen beendet war, stand er ruhig auf, immer noch keine Spur von Hektik, und ging zu dem Sterbenden.

Am nächsten Morgen berichtete er, dass er rechtzeitig gekommen war und dass sie eine gesegnete Zeit gehabt hätten und der Mann dann friedlich eingeschlafen sei.

Was für eine Souveränität! Noch bis heute denke ich mir: Was, wenn der Mann doch früher gestorben wäre? Vielleicht wusste Bruder Jakob etwas, das ich (noch) nicht weiß.

Also Personenschützer durfte ich niemals zu spät sein. Eine Verspätung wäre undenkbar gewesen. Polizei, Ärzte, Feuerwehren usw. sollten auch nicht unnötig Zeit verlieren, es hätte fatale Folgen.

> Meine Pünktlichkeit drückt aus,
> dass mir deine Zeit so wertvoll ist wie meine eigene.
>
> Helga Schäferling

Auch finde ich ein klares Ja oder Nein so wichtig – egal in Bezug auf was. Klare Antworten schaffen Klarheit.

Bei jeder Flug- oder Bahnreise legen wir Wert auf Pünktlichkeit, weil ein Zuspät sehr unangenehme Konsequenzen für uns hätte. Vielleicht bemühen wir uns deshalb, pünktlich zu sein, weil wir uns sonst selbst unnötigen Ärger und Stress aufbürden.

Aber was, wenn unsere Unpünktlichkeit nicht uns selbst, sondern anderen schadet, sie vielleicht enttäuscht oder verletzt?

Nach einem Vortrag über Vergebung kam einst eine Dame auf mich zu und meinte entschlossen: „Ich will keine Zeit verlieren und fahre jetzt zu meinem Papa." Ich fragte, wo er denn wohne, und sie gab mir zur Antwort, sie habe diese Nacht noch 200 Kilometer Strecke vor sich: „Ich darf nicht länger warten, er ist sehr krank; ich will auf jeden Fall nicht zu spät kommen."

Zugegeben, ich sorgte mich ein wenig um sie. Mitten in der Nacht noch 200 Kilometer zu fahren … Wenige Tage später schrieb die Dame mir eine Nachricht, dass sie noch rechtzeitig zu ihrem Papa gekommen sei und sich beide versöhnen konnten.

Voltaire behauptete einst, die Zeit heile alle Wunden. Ich glaube das nicht. Ich denke nicht, dass die Zeit das kann. Vielleicht finden wir uns mit der Zeit mit gewissen Dingen einfach ab. Mark Twain drückte es ein wenig besser aus: „Die Zeit mag Wunden heilen, aber sie ist eine miserable Kosmetikerin."

Man möchte leben, ohne zu altern;
und man altert in Wirklichkeit, ohne zu leben.

Alexander Mitscherlich

Wieso habe ich 37 Jahre gewartet? Ich kann es einfach nicht mehr nachvollziehen. Wieso tun wir uns oft so schwer, um Verzeihung zu bitten, den Frieden zu suchen, etwas Wertvolles zu sagen? Das Leben ist doch nicht mehr als ein Wimpernschlag.

Ist die Zeit das Kostbarste von allem,
so ist die Zeitverschwendung die allergrößte Verschwendung.

Benjamin Franklin

Ein 15-jähriges Mädchen sagte auf der Beerdigung ihrer 17-jährigen Schwester, die nach kurzer, schwerer Krankheit gestorben war: „Hätte ich gewusst, dass du sterben musst, jeden Tag hätte ich dir gesagt, wie sehr ich dich liebe."

Eine Dame, die damals auch bei dieser Beerdigung gewesen war, meinte später, der Tod des Mädchens und das, was ihre Schwester gesagt habe, habe ein ganzes Dorf verändert.

Spontan muss ich dabei an ein slowenisches Zitat denken:

Die Lebenden schließen den Toten die Augen
und die Toten öffnen (manchmal) den Lebenden die Augen.

Verfasser unbekannt

Wir alle müssen eines Tages gehen und ebenso alle Menschen um uns herum.

„Hätte ich gewusst, dass du sterben musst, jeden Tag hätte ich dir gesagt, wie sehr ich dich liebe." Möge der Trauerruf der

Schwester uns sensibler machen, feinfühliger, gnädiger, barmherziger mit uns selbst und unseren Mitmenschen.

Mögen unsere Liebesgesten, unsere Bemühungen um Frieden und Wertschätzung rechtzeitig sein.

Es ist nicht zu wenig Zeit, die wir haben,
sondern es ist zu viel Zeit, die wir nicht nutzen.

Lucius Annaeus Seneca

Bemühen wir uns um Pünktlichkeit im Kleinen und Großen.

Pünktlichkeit bedeutet Wertschätzung und Achtung, ja, ich denke, es ist auch ein Zeichen von Liebe. Schieben wir, wenn möglich, nicht so viel hinaus.

Der Aufschub ist ein Dieb der Zeit.

Edward Young

23 – Kommunikation

Oh, wie sehr liebte ich meinen Onkel Heinz!

„Steh gerade, mein Junge!"

„Sei aufrichtig, wenn du gehst und in dem, was du tust!"

„Schau deinem Gegenüber in die Augen!"

„Setz deine Stimme ein!"

So riet er mir immer wieder von klein auf aus Liebe.

„Sag deine Meinung. Lass dich nicht verbiegen. Sei nicht hintenherum, sei klar und direkt, aber vergiss nicht, trotzdem in allem Wertschätzung für dein Gegenüber zu haben."

Was würde er über diese Zeit wohl denken? 2012 ging er in den Himmel, in dem Jahr, in dem viele glaubten, dass die Welt untergehen würde. Mit der Nachricht vom Tod meines geliebten „Onkeles" ging für mich tatsächlich ein Teil meiner Welt unter.

Wie sieht unsere Kommunikation heute aus? In einem Bericht las ich, dass wir etwa zwei Jahre und zehn Monate unseres Lebens in Klatsch und Tratsch investieren. Jesus macht dazu eine ganz klare „Ansage":

> *Ich sage euch aber, dass die Menschen am Tag des Gerichts Rechenschaft geben müssen von jedem unnützen Wort, das sie geredet haben. Denn nach deinen Worten wirst du gerechtfertigt, und nach deinen Worten wirst du verurteilt werden!* (Matthäus 12,36-37 SLT).

> *Was aber aus dem Mund herauskommt, das kommt aus dem Herzen, und das macht den Menschen unrein. Denn aus dem Herzen kommen böse Gedanken, Mord, Ehebruch, Unzucht, Diebstahl, falsches Zeugnis, Lästerung. Das sind die Dinge, die den Menschen unrein machen* (Matthäus 15,18-20).

Da möge jeder Mensch sich selbst prüfen, ob seine Worte Fluch oder Segen sind. Es stimmt mich sehr traurig, wie wir heute miteinander kommunizieren. Es ist so ganz anders als das, was mich mein Onkel gelehrt hat.

„Blickkontakt und Stimme sind genauso wichtig wie die Wahl der Worte“, meinte er.

Traurig, wie man in diversen sozialen Medien übereinander herfällt. Es scheint kaum noch ein Tabu zu geben. Obwohl wir doch wissen: Das Internet vergisst nichts. Jugendlichen erkläre ich immer wieder mal, dass viele Chefs und Personalleiter sich gerne bei Instagram, Twitter und Facebook umschauen, was die Person, die sich bewirbt, da so alles von sich gibt. In wenigen Augenblicken wird sichtbar, ob du teamfähig bist oder ein „Streithansl“, welche Gesinnungen du hast usw. So kann das Böse, dass wir dort pflanzen, bitter auf uns selbst zurückfallen.

So traurig auch manches in meiner Kindheit war, so war das Mobbing nach der Schule doch zu Ende. Aber heute geht es unvermindert weiter. In den vielen Jahren meines Dienstes wurde ich mit sehr vielen schrecklichen Dingen konfrontiert. Es ist kaum zu beschreiben, was sich Menschen über WhatsApp oder bei Facebook & Co. antun.

Als ich ein kleiner Junge war, schaute ich den Leuten stets in die Augen und hörte sensibel auf den Klang ihrer Stimme. Wenn mein Vater aus der Kneipe kam – bei uns sagt man dazu „Wirtschaft“ – wenn er also aus der Wirtschaft kam, musste er etwa acht Stufen bis zur Haustür hochsteigen. Da stand ich im Haus hinter dem Fenster und schaute in seine Augen, um festzustellen, wie der restliche Tag wohl verlaufen würde. Wenn ich mir unsicher war, verkrümelte ich mich irgendwo im Haus und wartete, bis er mit meiner Mama sprach. Ich lauschte ganz genau. Durch den Blick in seine Augen und das Hören auf den Klang seiner Stimme konnte ich mir ziemlich sicher sein, wie der Tag weitergehen würde. Blickkontakt und Stimme halfen mir, die Situation einigermaßen richtig einzuschätzen.

Heute schreibt man sich E-Mails hin und her, und kaum einer weiß, welcher Blick sich beim Schreiben dahinter verbirgt.

Ich kann damit nichts anfangen. Ich brauche den persönlichen Kontakt, den Blick in die Augen mit dem Klang der Stimme dazu.

Ich glaube, dass es durch diese Art von Kommunikation noch mehr Missverständnisse und Streit gibt. Gibt es davon denn nicht schon viel zu viel? Reicht es denn noch nicht? Ist der Becher des Leids, der Bitterkeit, des Kriegs, der Verletzungen, der Streitereien usw. nicht schon randvoll?

Ich glaube, es ist genug. Ich selbst habe so viel Bitterkeit weitergegeben, war die Ursache von so viel Streit. Ich möchte das nicht mehr. Ich bin auch ein wenig müde geworden. Irgendwie geht es mir wie John Coffey im Film „The Green Mile“:

> „Ich bin müde, Boss. Müde immer unterwegs zu sein, einsam und verlassen. Müde niemals einen Freund zu haben, der mir sagt, wohin wir gehen, woher wir kommen und warum. Am meisten müde bin ich, Menschen zu sehen, die hässlich zueinander sind. Der Schmerz auf der Welt und das viele Leid, das macht mich sehr müde. Es gibt zu viel davon. Es ist als wären in meinem Kopf lauter Glasscherben."

Du und ich, wir können die Welt nicht ändern, aber mit Liebe können wir die Welt um uns herum ein wenig besser machen. Wenn wir etwas zu sagen haben, dann sollten wir lieber das persönliche Gespräch suchen, aufrecht in der Körper- und Herzenshaltung sein und mit Wertschätzung sagen, was zu sagen ist; wir sollten dem anderen einen Blick in unseren Blick gewähren und ihm die Chance geben, den Klang unserer Stimme zu hören.

Ich empfinde das als so wichtig und wertvoll. Was auch immer in der Vergangenheit war, wir können es nicht ändern. Aber wir können eine Entscheidung treffen, ab heute die Dinge mit mehr Liebe zu tun, ganz besonders unsere Kommunikation. So liegt es letztendlich an jedem von uns, das Internet zum Guten zu nutzen. Es liegt an dir und an mir, ob es Fluch oder Segen ist.

> Mehr als die Vergangenheit interessiert mich die Zukunft, denn in ihr gedenke ich zu leben.
>
> Albert Einstein

Leben ... Was ist Leben?

> *Das ist aber das ewige Leben, dass sie dich, den allein wahren Gott, und den du gesandt hast, Jesus Christus, erkennen* (Johannes 17,3 SLT).

Wenn wir mit dieser Erkenntnis leben, *leben* wir nicht erst in der Ewigkeit, sondern schon im Hier und Jetzt, weil wir mit Jesus den Himmel, die Ewigkeit, schon in uns tragen. Unsere Worte werden mehr und mehr ermutigen, aufrichten und somit ein wenig mehr (Lebens)Freude verschenken.

24 – Hör mal

Es ist schon ein paar Jährchen her, da verbrachten meine Kollegin und ich immer wieder Zeit am Bett eines sterbenden Mannes.

Er war ohne Bewusstsein; dies hinderte meine Kollegin allerdings nicht, ihm aus einem meiner Bücher vorzulesen. Es ging um Vergebung und bei allem, was wir sagten, um die Liebe Gottes. Es ging also um das Evangelium Jesu Christi. Er war Atheist und hatte sich, als er noch bei Bewusstsein war, gegen die „Gute Nachricht" gesträubt.

Als ich ihn eines Tages direkt ansprach, öffnete er nach zwei Wochen Sprachlosigkeit seine Augen (seine Frau und meine Kollegin waren Zeugen). Alles, was ihm vorgelesen worden war, war tief in sein Herz gedrungen. Im Sterben nahm er die Liebe Gottes an und ging mit einem Lächeln in sein himmlisches Zuhause.

Er hatte gehört! Was er aus Liebe zu hören bekommen hatte, erreichte sein Herz und berührte den Grund seiner Seele. Wir kamen damals zur rechten Zeit, und er nahm das Geschenk Gottes kurz vor seinem Tod an. Es war mehr als bewegend. Er gab all das Schwere in Gottes Hände ab und ließ Gott in sein Herz. Es war unbeschreiblich …

Was ist mit dem Rest der Welt? Hören wir genau hin? Oder sind wir zu beschäftigt? Ab der 14. Schwangerschaftswoche beginnen die Kleinen zu hören. Sie hören den Herzschlag und die Stimme ihrer Mama. Die Ohren sind somit das erste Sinnesorgan, das so richtig aktiviert wird. Aus der Forschung heraus weiß man, dass das Hören auch so ziemlich der letzte Sinn ist, der abgeschaltet wird.

Deshalb sollte man auch im Beisein von Patienten, die im Koma liegen, nur Wertschätzendes von sich geben.

Wenn ich mir die Welt so anschaue, auch nach allem, was ich in diesem Jahr auf meinen Reisen bereits zu hören und zu sehen bekam, stelle ich fest, dass viel Lärm in dieser Welt ist.

Hören wir unter all dem Chaos noch Gottes Flüstern? Ich glaube, man kann es Sehnsucht nennen. Sehnsucht ist für mich, die Differenz zwischen hier und dem Paradies. Unerfüllte Sehnsucht kann die Menschen krank machen ...

Wir haben Sehnsucht nach echten Beziehungen, echten Freundschaften, nach Anerkennung, nach Heimat, nach Ewigkeit, nach Schönheit, nach Liebe ...

Nach Gott ...

Wir haben Sehnsucht nach Liebe.

Nach aufrichtiger, wahrer, bedingungsloser Liebe.

Wir haben Sehnsucht, dies zu hören ...

Liebe sollte das Erste sein, was wir hören, und Liebe sollte das Letzte sein, was wir hören.

Nach einem Vortrag über diese Liebe kam vor kurzem ein Mann zu mir, unter Tränen. Er war so unendlich dankbar ... Er hatte seinem Vater, der im Koma gelegen hatte, noch kurz vor dessen Tod gesagt: „Ich hab dich lieb, Papa!" Lange hatte er sich gefragt, und das hatte ihn gequält, ob sein Vater dies noch gehört hatte. Durch meinem Vortrag war sein Herz berührt worden und kam nun zur Ruhe. Ja, sein Papa hatte es gehört ...

Das Evangelium Jesu Christi ist nicht nur die Erlösung von all den Dingen, dir wir schlecht gemacht haben, sondern darüber hinaus starb Jesus auch für all das, was wir versäumt haben, für all die Liebe, die wir nie ausgesprochen und getan haben, für Worte, welche die Welt nie hörte.

HEUTE ist ein guter Tag, deine Mitmenschen zu ehren ...

Selbst Gehörlose können die Liebe auf ihre Art wunderbar aussprechen; auch das durfte ich erleben.

HEUTE ist ein guter Tag, diese Liebe auszusprechen. Die Menschen in dieser Welt haben solche Sehnsucht danach.

Bei einem Projekt in München legte ich den Arm um den Anführer einer türkischen Jugendbande und sagte ihm, dass er ein toller Junge sei. Später bekannte er vor allen: „Michael, ich wurde noch nie von einem Mann gelobt."

So viele Tränen der Rührung durfte ich schon sehen, wenn ich für jemand beten durfte oder einfach etwas anderes Wertvolles sagte.

Und wie sehr es mein Herz berührte, als mein Onkel Heinz mir kurz vor seinem Tod dreimal sagte: „Ich hab dich lieb!" Nie zuvor hatte er dies gesagt bzw. hatte er dies sagen können. Oder als mein Papa mir bei unserer Versöhnung entgegenflüsterte: „Ich hab dich doch auch lieb, verzeih, ich konnte es dir nie sagen."

Das Ohr, der Mund und die Zunge, wie wunderbar der Schöpfer doch alles gemacht hat. Nutzen wir sie, um die Menschen in dieser Welt damit zu ehren.

Was wir sagen, bringt reichlich Frucht. Böses wie Gutes …

Was wir aus Liebe tun, bleibt in Ewigkeit.

Bitte teile die „Gute Nachricht" in dieser Welt reichlich mit. Vielleicht wollen manche sie nicht hören. Vielleicht kommen aber auch Herzen in Bewegung, und so mancher hört heute noch das, wonach er sich wirklich sehnt – LIEBE.

25 – Der Postbote

Als kleiner Junge konnte ich es kaum erwarten, bis der Paketbote mir die Päckchen von meiner Stiefoma brachte. Stets zu Ostern, Weihnachten und zu meinem Geburtstag machte sie mir ein liebevolles Päckchen fertig. Klamotten, Schulmaterial, Süßigkeiten und so manches andere mehr schenkte sie mir.

Zwar freute ich mich, den Paketboten zu sehen, aber letztendlich ging es nicht um ihn persönlich, sondern um die Geschenke meiner Stiefoma.

In den letzten Jahren fiel mir auf, dass immer mehr Menschen sich mit Engeln beschäftigen. Manche behaupten, dass sie die Anzahl ihrer Engel und deren Namen kennen und regelmäßig Botschaften von ihnen bekommen. Doch wer sind die Engel? Gibt es verschiedene?

In mehreren Stellen in der Bibel mahnt uns Gott zur Vorsicht.

Ihr Lieben, glaubt nicht einem jeden Geist,
sondern prüft die Geister, ob sie von Gott sind;
denn viele falsche Propheten sind hinausgegangen in die Welt.
Daran erkennt ihr den Geist Gottes:
Ein jeder Geist, der bekennt,
dass Jesus Christus im Fleisch gekommen ist,
der ist von Gott;
und ein jeder Geist, der Jesus nicht bekennt,
der ist nicht von Gott.
Und das ist der Geist des Antichrists,
von dem ihr gehört habt, dass er kommen werde,
und er ist jetzt schon in der Welt.
Kinder, ihr seid von Gott und habt jene überwunden;
denn der in euch ist, ist größer als der, der in der Welt ist.

Sie sind von der Welt; darum reden sie, wie die Welt redet,
und die Welt hört sie.
Wir sind von Gott, und wer Gott erkennt, der hört uns;
wer nicht von Gott ist, der hört uns nicht.
Daran erkennen wir den Geist der Wahrheit
und den Geist des Irrtums. (1. Johannes 4,1-6).

Wörtlich übersetzt bedeutet das Wort Engel Gesandter oder Bote. Es geht also im Wesentlichen nicht um die Boten selbst sondern um den, von welchem die Boten beauftragt wurden. Als damals unser Paketbote mir die Päckchen von meiner Stiefoma brachte, habe ich mich zwar über sein Kommen gefreut, aber letztendlich ging es um Omas Botschaft und ihr Geschenk.

Ja, Engel sind Boten Gottes. Also geht es um Gott. Wie ist er? Was hat er uns zu sagen? Was hat er mir persönlich mitzuteilen?

Da kann ich nur auf das Buch der Bücher hinweisen, auf die Bibel. In ihr lernen wir Gott mehr und mehr kennen. In Jesus Christus sehen wir sein Wesen, seine unfassbare Liebe und erkennen, dass Gott *Liebe ist*. Ich bin der festen Überzeugung, dass Gott uns das Leben schenkte, dass er der Urheber alles Lebens ist.

Du hast mich mit meinem Innersten geschaffen, im Leib meiner Mutter hast du mich gebildet. Herr, ich danke dir dafür, dass du mich so wunderbar und einzigartig gemacht hast! Großartig ist alles, was du geschaffen hast – das erkenne ich! Schon als ich im Verborgenen Gestalt annahm, unsichtbar noch, kunstvoll gebildet im Leib meiner Mutter, da war ich dir dennoch nicht verborgen. Als ich gerade erst entstand, hast du mich schon gesehen. Alle Tage meines Lebens hast du in dein Buch geschrieben – noch bevor einer von ihnen begann! Wie überwältigend sind deine Gedanken für mich, o Gott, es sind so unfassbar viele! Sie sind zahlreicher als der Sand am Meer; wollte ich sie alle zählen, ich käme nie zum Ende (Auszug aus Psalm 139 HFA).

Irgendwie liegt es mir nicht so sehr, über theoretische Dinge, über Sachthemen zu berichten. Vom Erlebten zu berichten, mag ich viel mehr.

Da sich das Büchlein dem Ende zuneigt, möchte ich noch ein wenig von denen berichten, deren Leben zu Ende ging und die mich baten, dir und allen, die das lesen, ein paar Botschaften zu hinterlassen. So sind sie und ich Postboten für dich, gesendet von dem Einen, der dich kennt und liebt und genau wusste, dass du diese Zeilen lesen würdest.

So durfte ich vor vielen Jahren einen Polizisten besuchen, der nur noch wenige Tage zu leben hatte. Ich werde nie vergessen, wie eindringlich er meine Hand hielt und mir Folgendes für dich und den Rest der Welt hinterließ:

Am Ende, wenn alle gegangen sind, bleibt Jesus.
Er ist der Ort, an dem du sein darfst, so wie du bist,
und mit allem kommen kannst, was dir schwer ist.
Ob ich nun lebe oder sterbe, ich habe das Leben gewonnen,
weil Jesus in meinem Herzen lebt.

Ein sterbender Ehemann und Vater sagte mir bei meinem letzten Besuch unter Tränen:

Es ist stimmt, am Ende geht es nur um Liebe.
Sie auszusprechen, sie zu hören, sie zu fühlen
und diese Liebe Gottes im Herzen zu haben.

Ein 95-Jähriger, den ich kurz vor seinem Tod besuchen durfte, erzählte mir von seinem Leben, vom Krieg, von seiner langen Ehe und dass er sich freut, jetzt zu Jesus zu gehen. Wir sangen und beteten gemeinsam. Auf meine Frage, was ich den Menschen von ihm ausrichten kann, hielt er meine Hand ganz fest. Er richtete sich etwas auf und flüsterte mit all seiner Kraft:

Haltet euch an Jesus; er sollte die Nummer 1 in jedem Menschenleben sein.

Drei Tage später war er bei seiner und meiner Nummer 1, war er bei Jesus!

Ich könnte noch so viel über diese letzten Augenblicke schreiben. Jeder Mensch, den ich ganz zum Schluss besuchen durfte, hatte stets eine Botschaft: Liebe zu leben; die liebevolle Ermahnung, alle unsere Zeit mit mehr und mehr Liebe zu füllen.

Wenn wir diese Liebe leben, werden wir selbst zu Engeln, ja, zu Postboten Gottes.

Noch eine kleine Anmerkung zum Paketboten meiner Kindheit. Der war so richtig genial. Ich nenne ihn hier den „Postkarle". Wenn wir Postkarle sahen, war Abenteuer angesagt, denn er nahm alle, die wollten, im großen Paketwagen mit. Hinten bei den ganzen Paketen suchten wir uns ein Plätzchen. Oh Mann, es haute uns hin und her, und wir hatten einen unendlichen Spaß. Damals, in den 1970ern, ging so was noch.

„Postkarle kommt!", rief einer der Jungs und alle rannten zum Paketwagen. Es war kein Eintritt erforderlich; alle durften mitreisen, und wir alle hatten eine unbändige Freude.

Die Zeit im Paketwagen war unbeschwert, irgendwie ein Stück vom Himmel. Alle waren willkommen, und alle hatten so viel Freude während der Fahrt. Später erzählten wir den anderen, wie toll es wieder gewesen war.

Oh, wie genial wäre es, wenn Postkarle noch einmal mit dem großen Paketwagen durch mein geliebtes Dorf rollen würde und wir Jungs von damals noch einmal eine Runde drehen dürften. Ich würde keine Sekunde zögern, ich wäre dabei. (Ob mein Rücken davon so begeistert wäre, ist eine ganz andere Frage ...)

Wo könntest du heute noch Liebe, Freude, Wertschätzung oder eine Ermutigung übermitteln? In deiner Familie, in der Nachbarschaft, am Arbeitsplatz, an der Uni oder in der Schule, in deinem Verein oder in deiner Gemeinde?

Wenn wir andere ermutigen, ihnen beistehen, Liebe aussprechen oder einfach ein nettes Wort oder ein Lächeln schenken, dann könnte es gut sein, dass du und ich zu Engeln für so manchen Menschen werden.

Nachwort

Schön, dass du bis hierher gelesen hast. Ich habe dieses Buch nach einem inneren Drängen geschrieben. Umgeben von vielen traurigen Nachrichten durch Corona und Krieg und so manches mehr. Ich schrieb mitten aus meinem Herzen in der Hoffnung, dass dein Herz und viele andere berührt werden.

Ich habe für mich erkannt, dass es für vieles zu spät ist. Zu oft habe ich verpasst, Wichtiges zu tun oder auch zu unterlassen. Zu oft hielt ich gute Worte zurück, ließ aber so manchem bösen Wort freien Lauf; und beides, das Gute wie das Böse, zieht seine Kreise.

So ist es auch oft von Generation zu Generation. Aber du und ich, wir können einen Unterschied machen. Negative Sätze, die von Generation zu Generation weitergesagt worden sind, können bzw. sollten bei uns ein Ende finden.

Vergangenes können wir nicht mehr rückgängig machen. Aber Verpasstes dürfen wir Jesus anvertrauen, weil er ja auch für all das Verpasste am Kreuz gelitten hat – ebenso wie auch für all das, womit wir schuldig geworden sind und versagt haben.

Nutzen wir unseren Mund, um Gutes über den Nächsten und uns selbst auszusprechen. Sätze wie: „Ich hab dich lieb." – „Ich liebe dich." – „Bitte verzeih mir!" – „Schön, dass es dich gibt!" – „Dankeschön!" – „Ich bin stolz auf dich!" ... können so viel Gutes in unserem Leben und im Leben des Menschen, dem diese Worte gewidmet sind, entfachen. Wir sind berufen zu segnen. Segnen bedeutet, dem Nächsten Gutes zuzusprechen.

Unsere Worte können auch zum Fluch für andere und uns selbst werden. Auch Worte, die wir nie gesagt oder nie zu hören bekommen haben, belasten unser Herz. Wer noch nie gehört hat, dass er wertvoll und geliebt ist, was macht das mit diesem Menschen? Wer über Liebe nicht sprechen kann, was macht es mit ihm selbst und mit denen um ihn herum?

So möchte ich die Gunst der Stunde nutzen und dir sagen, wie sehr Gott dich liebt. Falls du denkst, dass ich dich nicht kenne, ja, das mag sein, alle werde ich wohl nicht kennen, die dieses Büchlein lesen, aber Gott kennt dich, und er wusste von Anbeginn der Welt, dass du genau jetzt, zu diesem Zeitpunkt, diese Zeilen liest.

Denn Gott hat die Welt so sehr geliebt,
dass er seinen einzigen Sohn hingab,
damit jeder, der an ihn glaubt,
nicht verloren geht, sondern ewiges Leben hat
(Johannes 3,16 NLB).

Und wir haben erkannt und geglaubt die Liebe,
die Gott zu uns hat: Gott ist Liebe;
und wer in der Liebe bleibt, der bleibt in Gott und Gott in ihm
(1. Johannes 4,16).

Das ist mein Gebot, dass ihr einander liebt,
wie ich euch liebe (Johannes 15,12).

Den Großteil meines Lebens konnte ich mir gar nicht vorstellen, dass Gott mich liebt. Um ehrlich zu sein, ich habe manchmal heute noch Phasen, wo ich das bezweifle. Aber Gottes Liebe ist größer als alle meine Zweifel. Ja wir dürfen zweifeln; in der Bibel wird oft über Zweifel berichtet. Aber ich bin dran. Gottes Liebe heilt mein Herz immer mehr.

Hast du ihn schon in dein Herz eingeladen? Hast du ihm alles anvertraut, was dir schwer ist? All das, wofür es nun zu spät ist? Er starb für dein und mein Zuspät. Für jedes liebe Wort, welches wir nicht ausgesprochen, für jede gute Tat, die wir nie getan haben. Für jeden guten Weg, den wir nicht gegangen sind.

Für alles, was zu spät ist und uns bedrückt, ist er gestorben und macht uns davon frei.

Für was ist es noch nicht zu spät? Allein diese Erkenntnis ist ein Geschenk des Himmels. Ich wünsche dir Menschen an deiner Seite, die dich begleiten und dabei unterstützen, diese Wege zu gehen. Bitte Gott, dir Mut zu schenken und dir die richtigen Worte zu geben.

Erwarte nichts von anderen, sonst könnte es vielleicht sein, dass du enttäuscht wirst. Wer nichts erwartet, wird auch nicht enttäuscht. Aus meiner Sicht erwartet Liebe nichts; sie hofft und verschenkt sich selbst.

Vor 2000 Jahren hing die Hoffnung, ja, die Liebe in Person an einem römischen Holzkreuz. Er verschenkte sich selbst an dich, mich und alle, die das Geschenk für sich in Anspruch nehmen.

Im Anfang war das Wort, und das Wort war bei Gott,
und das Wort war Gott. Dieses war im Anfang bei Gott.
Alles ist durch dasselbe entstanden;
und ohne dasselbe ist auch nicht eines entstanden,
was entstanden ist.
In ihm war das Leben,
und das Leben war das Licht der Menschen.
Und das Licht leuchtet in der Finsternis,
und die Finsternis hat es nicht begriffen.
Es war ein Mensch, von Gott gesandt;
sein Name war Johannes.
Dieser kam zum Zeugnis, um von dem Licht Zeugnis zu geben,
damit alle durch ihn glaubten.
Nicht er war das Licht,
sondern er sollte Zeugnis geben von dem Licht.
Das wahre Licht, welches jeden Menschen erleuchtet,
sollte in die Welt kommen.
Er war in der Welt, und die Welt ist durch ihn geworden,
doch die Welt erkannte ihn nicht.
Er kam in sein Eigentum, und die Seinen nahmen ihn nicht auf.
Allen aber, die ihn aufnahmen, denen gab er das Anrecht,
Kinder Gottes zu werden,
denen, die an seinen Namen glauben;
(Johannes 1,1-12 SLT)

Hast du das gelesen? Alle, die ihn aufnahmen, denen gab er das Anrecht, Kinder Gottes zu werden.

Das ist zu meiner Identität geworden. Früher war ich der Sohn des Alkoholikers, der „Assi“, der Versager, der Arme; später dann der Kampfsportler, der Personenschützer usw. Meine wahre Identität aber ist: Ich bin ein Gotteskind.

Etwas sehr, sehr Wertvolles durfte ich in meinem Leben und im Leben von vielen anderen erfahren, und zwar die „Gnade“. Was für ein altertümliches Wort. Hier und da hört man es mal, aber was es wirklich bedeutet, lässt sich kaum beschreiben.

Der Verbrecher am Kreuz durfte diese Gnade einst auch erfahren. Wer ihn damals vor 2000 Jahren neben Jesus am Kreuz hängen sah, dachte mit Sicherheit, dass es für diesen Kerl in allem zu spät war. Zu spät, sein Leben in Ordnung zu bringen. Wie auch? Hände und Füße waren angenagelt. Er konnte keinen guten Weg mehr gehen und auch keine gute Tat mehr vollbringen. Wenn es für jemanden zu spät war, dann für ihn. Der Himmel konnte mit so einem Verbrecher auch nichts anfangen, denn was wäre das für ein Himmel, wenn da jeder so hineinmarschieren könnte. Und doch wurde ihm von höchster Stelle das Paradies versprochen, von dem, der neben ihm gekreuzigt wurde. Der Verbrecher erkannte, wer da neben ihm starb.

Der Himmel selbst hat sich herabgebeugt, um sich uns zu zeigen und uns die Tore des Himmels zu öffnen – nicht durch unsere Taten, sondern durch das was Jesus damals getan hat.

In seinen letzten Lebensmomenten nahm der Verbrecher dieses himmlische Geschenk an, erkannte sein Unvermögen, seine Schuld, erkannte, dass es für alles zu spät war, aber nicht zu spät für die Einsicht und das Bereuen seiner Schuld. Und es war nicht zu spät, „Jesus zu vertrauen“.

Und er sprach: Jesus, gedenke an mich, wenn du in dein Reich kommst! Und Jesus sprach zu ihm: Wahrlich, ich sage dir: Heute wirst du mit mir im Paradies sein
(Lukas 23,42–43).

Dieser Mensch hat göttliche Gnade erfahren und empfangen. Sie wird allen geschenkt, die ihn darum bitten. Deshalb lasst uns selbst gnädig sein, weil Gott gnädig mit uns ist.

Nun geht es darum, das Richtige zu erkennen und zu tun. In einem Vortrag hörte ich einmal von einem Vater, der im Krieg gewesen war und seinem kleinen Sohn einen Brief mit folgendem Inhalt geschrieben hatte. Hier meine grobe Erinnerung an die Worte des Vaters an seinen Sohn:

Mein liebes Kind, deine Mama hat mir erzählt, dass du jeden Abend für mich betest, und an allererster Stelle bittest du Gott stets darum, dass er deinen Papa beschützt. Das ist sehr lieb von dir und so wunderschön, aber ich möchte dir etwas erklären und dich dann um etwas bitten. Bewahrt zu werden, ist etwas sehr Wichtiges, aber es gibt etwas, das viel wichtiger ist, nämlich das Richtige zu tun. Wenn du wieder für mich betest, dann bitte ich dich: Bete zuallererst, dass dein Papa das Richtige tut, und erst später um seinen Schutz.

Bitte Gott, dir zu zeigen, was für dich das Richtige ist, und dich dabei zu führen, es zu tun.

Es gibt (k)ein Zuspät – für die Notwendigkeit, Zeit mit Liebe zu füllen. Man kann jederzeit damit beginnen.

Ich wünsche dir, dass du erkennst, wofür es nicht zu spät ist, nämlich die Notwendigkeit, das Richtige zu tun. Lade Gott selbst in dein Herz ein, damit er es mit seiner Liebe füllt und dadurch deine Zeit mehr und mehr mit Liebe gefüllt ist. Wenn ER, der das Leben selbst und die Liebe in Person ist, dein Herz erfüllt, wirst du ein erfülltes Leben haben ...

Zum Abschluss möchte ich dich noch segnen, Gutes über dich aussprechen. Weißt du, das Schöne, das wir anderen tun, entfacht nämlich so viel Freude, und zwar zuerst die Freude in uns.

Zu segnen, zu ermutigen, einander zu helfen, das beschenkt nicht nur deinen Nächsten, sondern auch dich selbst. Andersherum: Liebe, die wir zurückhalten, und Böses, das wir tun, verletzt nicht nur andere, sondern schadet letztendlich uns selbst.

Der Herr segne dich und behüte dich.
Er schaffe dir Rat und Schutz in allen Ängsten.
Er gebe dir den Mut, aufzubrechen,
und die Kraft, neue Wege zu gehen.
Er schenke dir die Gewissheit, heimzukommen.
Der Herr lasse sein Angesicht leuchten über dir
und sei dir gnädig.
Gott sei Licht auf deinem Wege.
Er sei bei dir, wenn du Umwege und Irrwege gehst.
Er nehme dich bei der Hand
und gebe dir viele Zeichen seiner Nähe.
Er erhebe sein Angesicht auf dich und gebe dir seinen Frieden,
das Ganzsein von Seele und Leib,
das Bewusstsein von Geborgenheit,
ein Vertrauen, das immer größer wird
und sich nicht beirren lässt.
So segne dich Gott Vater, Sohn und Heiliger Geist.
Amen.

Danke, dass du einen Teil deiner kostbaren Lebenszeit meinem kleinen Buch gewidmet hast. Sei erfüllt von Gottes Liebe, möge deine Zeit nun mehr denn je mit Liebe erfüllt sein.

Herzlichst
Michael Stahl

Gott, du tust mir kund den Weg zum Leben:
Vor dir ist Freude die Fülle
und Wonne zu deiner Rechten ewiglich
(Psalm 16,11).

Gott ist Liebe, und wer in der Liebe bleibt,
der bleibt in Gott und Gott in ihm
(1. Johannes 4,16).

Zum Autor

Michael Stahl ist Fachlehrer für Selbstverteidigung. Als Gewaltpräventionsberater arbeitet er für TV-Sendungen sowie an Schulen, in Heimen, Gefängnissen, Kindergärten, Gemeinden, Internaten und Firmen.

Bekannt wurde er als Bodyguard für Prominente (u. a. Muhammad Ali, Nena, Fürstin Gloria von Thurn und Taxis).

Er wurde 2009 mit dem „WERTE AWARD“ und 2015–2019 mit „SOZIAL ENGAGIERT“ ausgezeichnet. Er ist verheiratet und hat zwei Kinder.

Webseite: www.protactics-stahl.de

Weitere Bücher von und mit Michael Stahl

erschienen bei GloryWorld-Medien

Himmlisches Herzflüstern

Wenn Gott leise zu und durch uns spricht; 152 S., Pb.

Es ist oft ein Flüstern, das ein Herz tief berührt und zum Guten bewegt – wie ein sanftes Streicheln der Seele. So ist auch Gottes Liebe. Er sandte seinen Sohn nicht mit Blitz und Donner in unsere Welt, sondern in der Zartheit eines Babys. Durch ihn flüstert er uns seine grenzenlose Liebe zu: „Ich liebe dich! Liebst du mich auch?"

In vielen Begegnungen haben Michael Stahl und einige seiner Freude dieses aus dem Grunde des Herzens kommende Flüstern vernommen. Menschen erhielten dadurch neue Hoffnung oder wurden frei, Ehen wurden geheilt, Beziehungen wiederhergestellt. Ein Buch, das Mut macht, selbst das Flüstern Gottes zu hören.

Michael Stahl / Rainer Zilly (Hrsg.)

MännerMutMacher

Hoffnungsvolle, emotionale Erlebnisse von Männern mit Ecken und Kanten; 216 Seiten, Paperback

Hier berichten bekannte und weniger bekannte Männer offen und ehrlich über herausfordernde Situationen in ihrem Leben, die sie an ihre Grenzen gebracht haben und in denen ihnen Gott begegnet ist.

Es sind Geschichten, die unser Herz ansprechen und zugleich ermutigen, die uns zeigen, wie Gott durch jeden von uns Geschichte schreibt, egal, wie unterschiedlich wir auch sind. Echte MännerMutMacher-Geschichten eben!

Michael Stahl / Klaus Hettmer

Geheimsache Männerherz

Stahlhart, zerbrechlich & butterweich

208 Seiten, Paperback

Wie tickt ein Männerherz? Wer hat es erschaffen? Welche Sehnsüchte sind darin verborgen? Welche Verletzungen und Geheimnisse lagern dort seit langer Zeit?

Die Hauptautoren Michael Stahl und Klaus Hettmer wurden fast gleichzeitig von gesundheitlichen Niederschlägen getroffen. Michael Stahl erlitt wenige Monate vor der Arbeit an diesem Buch einen Herzinfarkt; Klaus Hettmer musste sich einige Wochen danach einer sehr schweren Herzoperation unterziehen. Zusammen mit weiteren bekannten Autoren berichten sie über ihre Erfahrungen, um andere Männerherzen zu berühren.

Wahrhaft frei

192 Seiten, Paperback

In diesem Buch geht es um Wahrheit und Freiheit – und um viele Arten von Gefängnissen und Gefangensein. Mehr als 30 Personen berichten, wie sie da hineingeraten sind und was ihnen geholfen hat, wieder herauszukommen und wirklich frei zu werden.

Du lernst Menschen kennen, die viele Jahre ihres Lebens hinter Gittern verbracht haben, aber auch solche, deren Seele in Süchten, Pornografie oder Magersucht etc. gefangen war oder die in einem eingeschränkten Körper leben müssen. Sie alle sind, unabhängig von ihren Umständen, zur wahren Freiheit durchgebrochen und wollen dir Mut machen, selbst frei zu werden.

ERlebt

25 wunderbare Geschichten aus meinem Leben; 160 S., Pb.

Michael Stahl ist ein Träger der Gegenwart Gottes. Wohin er auch kommt – ob in Schulen, Familien, Gemeinden, Kinderheime oder ganz alltägliche Situationen –, verändert sich die Atmosphäre zum Guten. In diesem Buch erzählt er 25 dieser Erlebnisse, in denen er für Einzelne und ganze Gruppen zum Vermittler von Liebe, Annahme und Vergebung wurde.

Begleite Michael Stahl und sein Team zu den Menschen, die ohne Hoffnung waren, zu den Sprachlosen, die nun singen. Höre jenen zu, die einst ohne Hoffnung und Trost waren. Setze dich mit ihm an das Bett von Sterbenden, die in letzter Sekunde das Leben fanden. Erlebe, dass ER (Gott) lebt und dich liebt!

Claudia Bolanz | Rainer Zilly (Hrsg.)

MutMachPerlen

BeHERZte Erlebnisse von Frauen in Zerbruch und Schönheit

Mit einem **Vorwort von Michael Stahl;** 216 S., Pb.

In diesem Buch berichten 64 bekannte und weniger bekannte Frauen offen und ehrlich über herausfordernde Situationen in ihrem Leben, die sie an ihre Grenzen gebracht haben, und in denen ihnen Gott begegnet ist. Sie schreiben über ihre Schwächen und Fehler, ihre Verluste, Nöte, Krankheiten und noch vieles mehr, aber auch darüber, wie Gott ihnen hindurch und herausgeholfen hat – durch „kleine" und durch „große" Wunder.

Mit dabei sind u.a. Florence Joy Enns, Sefora Nelson, Claudia Bolanz, Kathrin Lederer, Heike Malisic, Birga Pürschel, Katja Ryzak, Dr. Anni Stigler, Katja Vosseler, Dr. med. Dorina Windecker, Elisabeth Wiedenmann, Yasmin Da Costa und Ana Feineis.

Maja Loretta – Post aus den Wolken

Es ist nicht wichtig, wie lange du lebst, sondern wie du lebst; 80 S., gebunden, vollfarbig

„Post aus den Wolken", so lautete die Überschrift des Abschiedsbriefes von Maja Loretta, die mit sechzehn Jahren an Krebs verstarb. Diesen Brief hatte sie für ihre eigene Trauerfeier verfasst. Maja wollte die Welt verändern. Wer ihr begegnete, wer in ihre Augen sah, wer ihre unbeschreibliche Freude und Dankbarkeit erlebte, dessen Leben wurde schon in wenigen Augenblicken ein Stück zum Guten verändert.

Trotz schweren Leidens und vieler Operationen war sie erfüllt von der Liebe Gottes. Wenn Sie von Jesus Christus sprach und davon, dass sie bald nach Hause gehen würde, spürten die Zuhörer, dass dieses Mädchen von einer Liebe getragen wurde, die nicht von dieser Welt war. Michael Stahl und einige ihrer Freunde haben ihre Geschichte aufgeschrieben.

Vater-Sehnsucht

120 Seiten, Paperback

Immer mehr Kinder wachsen in dieser Welt ohne Vater auf. Was wird aus diesen Kindern? Der Vater ist der erste Held im Leben eines Kindes. Dieser mächtigste Mensch der Welt kann Wunden schlagen und sie auch heilen.

Michael Stahl, lässt uns an der Entstehung und dem Heilungsprozess seiner eigenen Vaterwunden teilhaben. Und er berichtet, was er erlebt, wenn er in Schulen, Heime, Gefängnisse oder Firmen geht und dort Menschen hilft, sich miteinander zu versöhnen.

Das Buch ist eine Schatzgrube für alle auf der Suche nach Wurzeln, Identität und Wahrheit. **Das Buch ist auch als Hörbuch sowie in Englisch und Russisch erhältlich.**

MutMacherKiste

Aufstehen – Lieben – Kämpfen – Siegen

114 Seiten, Wire-O-Bindung, vollfarbig

Michael Stahl – der MutMacher in Person – hat seine wichtigsten Erfahrungen der letzten Jahre zusammengetragen: viele faszinierende Geschichten über Wunder und Vergebung, die tief berühren.

Der Grafiker Rainer Zilly hat daraus ein kurzweiliges, ästhetisches und praktisches MitMach-Buch gestaltet – eine Fundgrube für alle, die neuen Mut brauchen, anderen Mut machen wollen oder gerne einfach interessante Geschichten und Berichte lesen.

53 Männer

Abenteuer zwischen Gazastreifen und See Genezareth

144 Seiten, Paperback

Was für eine liebevolle und verrückte Bande! Das könnte man über die 53 ganz unterschiedlichen Männer, die sich zu einer Israelreise zusammentun, spontan denken. Eine Woche wie die Ölsardinen zusammengepfercht und doch kein böses Wort, sondern Lachen, Ernsthaftigkeit, tiefe Gespräche und Männertränen – ohne Scham!

Begleite diese illustre Schar auf den staubigen Wegen Israels, auf denen einst Jesus Christus unterwegs war. Erfahre mit ihnen die besondere Atmosphäre im Garten Gethsemane, schippere mit ihnen ein Stück über den See Genezareth und wirf mit ihnen einen Blick auf den Gazastreifen.

Michael Stahl / Klaus Hettmer

Deine Sehnsucht nach dem Paradies

192 Seiten, Paperback

Jeder Mensch sehnt sich nach wahrer Liebe, bedingungsloser Annahme und echtem Frieden. Ohne Gott sind wir jedoch der Herrschaft von Lüge, Gewalt und Hass hilflos ausgeliefert.

Gott aber hat von Ewigkeit her einen anderen Plan für uns. Er will uns das verlorene Paradies wieder zugänglich machen. In Jesus Christus hat er den Teufelskreis menschlicher Schuld und Sünde durchbrochen und alles dafür getan, um uns Zukunft und Leben zu geben.

Verbranntes Männerherz

Auf der Suche nach Männlichkeit (Roman)

120 Seiten, Paperback; **auch als Hörbuch erhältlich!**

Joe, der alles hat, was ein moderner Mann haben sollte, zweifelt an sich und seiner Männlichkeit. Auf der Suche nach Sinn begibt er sich auf eine abenteuerliche Reise.

Er begegnet einem mysteriösen Fremden, der ihm alle Fragen beantwortet, die ihn jahrelang gequält haben. Joe fängt an, an Gott zu glauben und ihn zu lieben. Unfassbare, unerklärliche und wunderbare Dinge geschehen. Wagen Sie mit ihm einen Blick in den Himmel.

Bestellen Sie im Buchhandel oder direkt beim Verlag:

GloryWorld-Medien | Beit-Sahour-Str. 4 | D-46509 Xanten
Fon: 02801-9854003 | Fax: 02801-9854004 | info@gloryworld.de

Aktuelles, Leseproben, Downloads & Shop: **www.gloryworld.de**